书山有路勤为径，优质资源伴你行
注册世纪波学院会员，享精品图书增值服务

[美] 罗伊·波洛克　安德鲁·杰斐逊　　著
（Roy V. H. Pollock）　（Andrew McK. Jefferson）
刘美凤

培训师的三堂必修课 （第2版）

学习方式、教学设计、工具和清单

The New Corporate Trainer's Guide to Success

- 新晋培训师、内训师的参考用书
- 6Ds®法则大师为中国培训师量身定制
- 告别无效培训，有效推动成果转化

电子工业出版社
Publishing House of Electronics Industry
北京·BEIJING

版权贸易合同登记号　图字：01-2021-4825

图书在版编目（CIP）数据

培训师的三堂必修课：学习方式、教学设计、工具和清单：第 2 版 /（美）罗伊·波洛克，（美）安德鲁·杰斐逊，刘美凤著. —北京：电子工业出版社，2022.7

ISBN 978-7-121-42175-4

Ⅰ. ①培… Ⅱ. ①罗… ②安… ③刘… Ⅲ. ①企业管理－职工培训 Ⅳ. ①F272.92

中国版本图书馆 CIP 数据核字（2022）第 095192 号

责任编辑：杨洪军
印　　刷：天津千鹤文化传播有限公司
装　　订：天津千鹤文化传播有限公司
出版发行：电子工业出版社
　　　　　北京市海淀区万寿路 173 信箱　　邮编 100036
开　　本：880×1230　1/32　印张：5.25　字数：118 千字
版　　次：2017 年 9 月第 1 版
　　　　　2022 年 7 月第 2 版
印　　次：2022 年 7 月第 1 次印刷
定　　价：55.00 元

凡所购买电子工业出版社图书有缺损问题，请向购买书店调换。若书店售缺，请与本社发行部联系，联系及邮购电话：（010）88254888，88258888。

质量投诉请发邮件至 zlts@phei.com.cn，盗版侵权举报请发邮件至 dbqq@phei.com.cn。

本书咨询联系方式：（010）88254199，sjb@phei.com.cn。

谨以此书献给那些将毕生精力投入教育事业，并帮助他人取得成功的人们。

前　言

　　在当今全球化商业竞争日趋激烈的今天，不论是个人还是企业都必须坚持学习，以面对层出不穷的产品，适应日新月异的技术，提供不断优化的服务，接受源源不断的挑战，满足千变万化的客户需求。正如微软公司CEO萨提亚·纳德拉所说："要持续学习，如果放弃了学习，你便一无是处。"

　　如果你故步自封，而对手在不断学习，那么你将逐渐被对手甩在身后，最终输掉比赛。

　　我们会从多种多样的渠道和经验中学习。例如，我们可以通过查询某些东西了解相关信息；参与具有挑战性的项目，在实践中得到历练；从工作经验、教练和上级的指导中学习。

　　在工作中，正式的（结构化/专项）培训是一种重要的学习方式。正式的培训可以保证员工学到工作中所需的特定专业技能，以确保工作高质、高效、顺利完成。虽然培训不能涵盖员工所需技能的方方面面，但对提升业务和绩效会起到关键作用。如果运用得当，培训将成为企业的一个竞争优势。

　　而最重要的，则是如何创造高质、高效的学习体验。本书旨在向中国的新、老培训师介绍教学设计最重要的概念、模型及工具。

如果你是培训界的新手，本书将告诉你本领域重要的概念及模型。如果你是富有经验的培训从业者，那么本书将带领你复习基本的概念，同时向你介绍最新的认知科学及成人教育理念，并提供针对商业领域的高效培训设计方案。

如何使用本书

我们必须以积极主动的心态来阅读本书，才能掌握本书的精髓。什么是积极主动的心态？即在阅读时，要刻意对书中的内容进行再加工。例如，你可以结合自身经历仔细地想一想，作者的观点是否符合实际情况；你也可以尝试对书中某一章节的内容进行总结，或者将学到的知识传授给身边的人；你还可以就书中的内容进行自我提问。

对内容的再加工远比仅仅浏览内容付出的努力更多，但再加工的过程不仅可以加深对学习内容的理解，还能够深化记忆，将知识更好地运用于实际中。

我们在本书中专门设计了如下所示的"思考问题"练习板块，这可以帮助你更好地掌握书中的内容。我们强烈建议大家完成这些练习。科学研究表明，学习的最佳方式之一是回答问题，而不是简单地阅读或勾画内容。

思考问题

上文中提到的"我们会从多种多样的渠道和经验中学习"，这一观点是否契合实际？想想过去你所学的两三件重要的事情，你是怎么学会的？众多的学习途径对企业培训会产生怎样的影响？

你在书中还会发现下面所示的名为"实际运用"的板块。它的作用是帮助你将所学的知识和理论运用于实际工作中，让学习经验创造价值。

实际运用

鼓励培训参与者积极阅读并投入精力：

- 说明积极阅读的重要性。
- 提出开放性问题，推动学员思考交流。

- 要求学员相互解释理论概念或列举与自身经历相符的案例。
- 留出时间，鼓励学员利用这段时间进行反思。

由于一本小小的书不能够涵盖更多的培训内容，因此我们设置了"学习资源"板块，其中包括图书和文章，大家可以自行寻找感兴趣的题目。

本书提供免费微课，扫描下方二维码即可获得。

目　录

引 言

培训为何重要

如今，商业竞争越发激烈，经济全球化的趋势也日渐明显。中国企业不仅要和本土的同行竞争，还要与世界各地的对手抗衡。

企业不断研发新产品，学习新技术，引进新设备，开拓新渠道，以期提高市场份额，增加收益。

为了将这些努力转化为实际利益，员工自然需要学习新产品的销售技巧，掌握新设备的使用方法，将新的商业策略付诸实践，并将新技术转化为实际生产力。

培训与发展由此应运而生。虽然人们学习的方式多种多样，但有计划地培训能够保证学习的一致性、连续性和高效性。比起非正式的分享交流和口口相传的学习方式，培训项目在基本技能传授方面所取得的效果更为显著。

出色的培训项目能够提升员工敬业度。强烈的敬业心能够促进生产力，还能够防止员工流失，减少人员变动或再培训所带来的经济损失。在培训与发展方面表现良好的企业会吸引更加优秀的人才，毕竟人们都希望为能够增长学识、提升专业技能的企业工作。

　　有效培训能够带领企业走向成功。培训课程水平参差不齐，但其中不乏精品，取得的效果极为令人瞩目。本书能够教你分辨有效培训和无效培训，告诉你让培训更为成功的方法。

什么是有效培训

　　在商业环境下，有效培训指的是能提高绩效的培训（见图 0-1）。

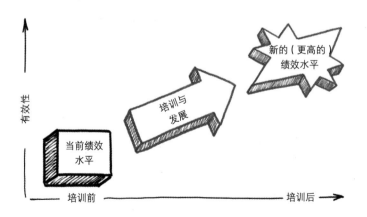

图 0-1　培训的终极目标是提高个人、团队及企业的整体绩效

如果培训结束后，工作业绩有所提高，那么这次培训就是成功的。相反，如果绩效没有改变，不论员工在此期间学习了多少知识，不论他们多么享受学习过程，这次培训都是失败的。

 思考问题

假设你是一位管理者，你的下属将要参加为期三天的培训，你所希望的结果是什么？如果她说在培训中学习到了很多知识，并且非常享受培训的过程，但她的工作业绩依然平平，你会怎么想？

Fred Harburg 在富达投资集团担任首席学习官时，曾这样说过："我们并不为企业提供课程、学习工具或学习机会，而是为促进业务结果提高而工作的。"

 实际运用

永远不要忘记企业培训具有业务智能。它必须以商业价值为目的，尽量提高投资回报率。作为企业培训师，你必须把提高绩效作为你的工作目标。

什么是优质培训

优质培训指的是以最少的时间和资源高效达成学习目标的过程，就像以最少的时间和原料产出优质产品的高效生产线。培训和生产一样，必须保质保量，不能顾此失彼。

企业培训不同于学校教育

与学校教育不同，企业培训着眼于绩效提升，因此也更具挑战性。要成为企业培训领域的专家，仅仅掌握教学技巧是远远不够的，你还必须掌握对企业绩效产生影响的方方面面，而不仅限于课堂教学。

↘ 系统化思维

企业是由许多部分构成的复杂整体。这些部分相互关联，关系错综复杂。在复杂系统中，问题的出现常常由多种原因所致。因此，不能只依靠类似培训项目这样单一、简单的手段解决。要想成为学习专家，就需要具备系统化思维——寻找并强调影响绩效的所有因素（请参阅第 1 章"学习和人的绩效"一节）。

↘ 过程化提升

企业的培训与发展在持续提高的需求方面也不同于学校教育。要想在竞争激烈且瞬息万变的商业环境中取得成功，企业必须提升所有业务和生产流程的效率与效能，包括培训与发展。所以作为企业培训师，你必须适应过程化思维，并实践过程化提升。过程化提升始于："我们想要达到什么目标？"（见图 0-2）接着，要制订一份致力于提升的改变计划，如培训项目。在实施计划后，你要检验结果，看看计划是否成功，以及哪些地方可以改进。最后，你要对此次学习内容进行再处理，以期在下次迭代中继续提升。这个循环也称为 PDCA 循环或戴明循环[1]，它可以无限循环下去，因为总有可以改进的地方。这是所有业务过程中提高绩效的基础工具。

---

[1] 戴明循环：Plan（计划）、Do（执行）、Check（检查）和处理（Act）。

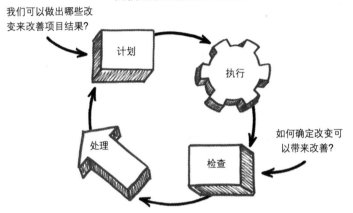

我们想要达成什么目标？

我们可以做出哪些改变来改善项目结果？

计划

执行

处理

检查

如何确定改变可以带来改善？

图 0-2　PDCA 循环适用于任何业务流程

有效培训需要以强健性分析和教学设计为基础。

学习资源

Stolovitch H, Keeps E. *Training Ain't Performance.* Alexandria, VA: ASTD Press; 2004.

Weinbauer-Heidel, I. *What Makes Training Really Work.* Hamburg, Germany: Institute for Transfer Effectiveness; 2018.

何谓教学设计

教学设计是一门科学，也是一种艺术。它可以创造出高质、高效并吸引人的学习方法，让学员掌握自己所需的知识与技能。这比编纂出一个课程的幻灯片要复杂得多。

教学设计包括分析情境、定义培训需求、遴选课程内容，并且选择最适宜的教学方法让学员最大限度地理解学习内容，将知识铭记于心，并有能力运用于实际工作中。

教学设计原则建立在对学员实际学习状况和影响工作业绩因素的调查分析之上。你对学习和绩效的知识掌握得越好，创造有效和高效培训的可能性就越大。

接下来我们将介绍成人教育和工作业绩的关键原理。

第 1 章

学习方式

　　我们知道，当人们即将着手自己从未接触过的事，或者可以比现阶段做得更好或更快时，就会产生学习的需求。学习内容也许是运动技能，如学习乐器或踢球，也许是单纯的认知技能，如介绍特定产品的特色或阐释负债股权比的定义。

　　人类天生具有学习的内在动力。我们天性好奇，并且能够感知艺术的力量，体会生命的美好和自然的神奇。2 岁的孩童便能学习行走、说话并能够识别不同的人脸。

　　有效学习包括四步：掌握新信息和新观点；将其与现有知识联系起来；根据需要温故知新；合理运用知识，如图 1-1 所示。

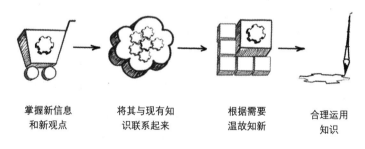

掌握新信息 和新观点	将其与现有知 识联系起来	根据需要 温故知新	合理运用 知识

图 1-1　有效学习四步

　　我们可以从多种渠道获取知识，包括观察、阅读、聆听、直接体验、试错和反思。很多情况下我们在不知不觉中学习，在不知不觉中从周围获取信息，在不知不觉中形成了自己独特的思维习惯和模式——或好或坏。

学习要求将信息通过某种方式存储在大脑中，并在必要时将这些信息提取出来，为己所用。信息存储的方式不局限于文字，还有图片、声音、过程、感受和信仰等。

学习要求将新信息和你已知的信息联系起来——扩展并精简你的思维模式图。所以，我们先教会孩子们"动物"的概念，然后告诉他们"狗"是动物的一种。随着时间的推移，他们会认识不同品种的"狗"，会区分与狗相似的其他动物，如狼和狐狸，它们和狗的相似点和不同点。对于特定题目掌握的信息越多，人们的知识会越翔实，认知框架会越完善。而认知框架越完善，人们就会越容易了解特定题目。就像戴维·奥苏贝尔在书中所写的那样："影响学习效果最重要且唯一的因素，是学员的认知结果。"

✏️ 实际运用

作为培训师和教学设计者，我们需要帮助学员完成有效学习四步。

例如，我们可以先鼓励学员将新信息和他们的以往经验和教育经历相结合。

学习将伴随我们一生，这似乎没有年龄上限。例如，学习中涉及的精确的细胞和生化机制等难以理解的深奥问题并不是成功的企业培训所必需的要素，因此本书也不会涉及。

取得企业培训成功的关键，是找出有哪些因素促进或阻碍了知识和技能的获取和使用。

学习内容要易于理解，也要赋予其意义。新信息需要通俗易懂；学员要先理解学习内容，才会真正学到知识。如果学习内容晦涩难懂，学员的学习过程将会困难重重。

另外，学习要有意义，也就是说，学员必须看到学习为自身带来的价值和实用性。如果学习对自己没有任何意义，那么学员就不会为之投入精力。

我们可以用如下公式表示理解和意义的重要性：

$$学习 = 理解 \times 意义$$

图 1-2 揭示了三者之间的关系。对学习内容理解得越透，对个人的意义越大，就越容易记住新知识。

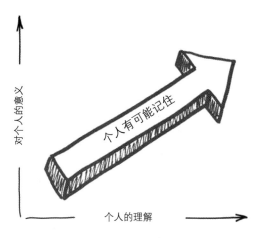

图 1-2　对个人的意义、理解和记忆的关系

 实际运用

- 确保学员能够搞清楚（理解）他们被要求学习的内容。

- 赋予学习以意义，这样学员会看到学习的价值和学习给自身带来的好处。

- 帮助学员构建认知框架，以梳理所学内容。建立逻辑框架可以让学员更易回想起工作中所需的知识和技能。

其次，有效学习需要对知识进行储存和提取。新信息和新技能只有在恰当的时候，运用在恰当的地方，才能被称为有效。从记忆中提取信息的次数越频繁，就越容易记住它。相反，如果不经常使用曾经学习的内容，那么这些知识就会渐渐荒废。

 实际运用

- 企业培训中包括复习、练习。
- 确保学员在培训后能够在实际工作中学以致用。

浅层学习与深度学习

在设计培训项目时，能够区分浅层学习和深度学习是非常重要的（见图1-3）。

浅层学习指的是，对某些事实和概念不需要充分理解或利用，只需在特定时候回忆起来即可。例如，在审核公司利润表时，只需正确地区分每项条目所代表的是收益还是亏损即可，不需要解释每项条目所代表的意义，也不需要理解利润表评估公司业绩的原理。

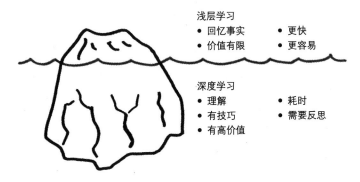

图 1-3　浅层学习与深度学习存在巨大差异。
企业培训的目标是深度学习

　　而深度学习要求我们理解某些概念所蕴含的道理，并运用自如。员工的角色决定了对特定科目的学习深度。例如，产品的研发人员对于技术所掌握的知识，一定会比销售人员深入得多。相反，和技术人员相比，销售人员对于销售市场的理解则更胜一筹。

思考问题

　　大多数企业培训的目的是什么，浅层学习还是深度学习？

- 员工仅仅掌握事实是否足够？
- 是否大多数工作需要更深入的理解和掌握？

商业成功需要深入掌握本领域的所有相关情况；仅仅了解"事实"，远不能满足成为成功经营者的需求。培训师所要面临的挑战是确定所要学习的知识的深度，并制定与之相应的学习方案。深度学习比浅层学习要花费更多的时间，并要设计不同的学习策略。

 实际运用

要根据学员的实际情况决定教学内容的深浅度，并制定相应的教学策略。预留充足的时间，试图在非常少的时间阐述非常多的内容，只会导致浅层学习。

主动学习与被动学习

根据学员投入程度的不同，学习被划分为主动学习和被动学习两类。例如，听讲座或观看演示，是相对被动的学习活动。相反，努力解决问题或完成好工作任务，需要更主动的参与和思考。

表 1-1 将常见的几种学习方法根据学员的参与程度进行了分类。

表 1-1　主动学习与被动学习的比较

比较被动的学习	比较主动的学习
听讲座；	完成一个模拟学习；
听小组讨论；	做演示；
阅读（书籍或在线阅读）；	将所学知识再传授给他人；
浏览（网页或印刷材料）；	角色扮演；
毫无计划地网上学习	参加真正具有互动性的在线课程；
	参加测试

标题中使用了"比较"的字样，那是因为，学习的发生总需要某种程度的投入度。另外，任何一种学习都有一个投入的图谱。例如听讲，有些人会选择被动方式——仅仅听听内容的字面意思，有些人则会选择主动方式——理解并消化所学习的知识，并和自己所知的概念、观点及作者进行类比。积极听讲和阅读需要耗费更多精力，所以许多学员不愿意选择这种方式。但实际上，主动学习会让我们更深入地掌握所学知识，并使记忆更持久。

实际运用

使用能够激发学员主动学习的教学手段，并选择能够促进学员思考的教学材料。

根据经验，课堂上至少有一半的时间是要留给学员主动参与的。爱默生公司董事兼学习总监泰伦斯·多纳休喜欢把这句话挂在嘴边："学员要比老师更努力才行。"

课堂上很难保证足够的主动学习时间，尤其是在通过网络进行远程培训的情况下。在设计远程培训项目时，教学设计者必须考虑到能够增进互动的活动，如提问、问卷调查、测验、分组讨论、头脑风暴等。

知识、技能和态度

在你的工作中，需要充分展示出所需要的知识、技能和态度。但是，知识和技能的区别在哪里呢？

简单地说，知识可以一次性获取，然而技能需要多次练习。例如，我们可以快速记住并写出勾股定理：$a^2+b^2=c^2$。但学习过几何学的人知道，只有经过了不断的练习、实践，才能将这一理论转化为解决各种问题的技能。

技能可以非常简单，如正确地使用扳手；也可以非常复杂，如制定市场战略或设计培训项目。技能越复杂，对我们的要求就越高，需要我们花费更多的时间练习，以便将其熟练掌握。

 实际运用

请牢记，简单地观看他人演示或聆听他人讲述是无法掌握一项技能的。技能需要在培训时和培训后通过练习不断提升。在培训项目中留出足够的时间进行练习，并确保能够学以致用。

学习资源

Pasupathi M. *How We Learn*. The Great Courses [audio course].Chantilly, VA: The Teaching Company; 2013.

Brown P, Roediger H III, McDaniel M. *Make It Stick*: *The Science of Successful Learning.* Cambridge, MA: Belknap Press; 2014.

Clark R C. *Evidence-Based Training Methods, 2nd ed.* Alexandria, VA: ATD; 2015.

Medina J. *Brain Rules: 12 Principles for Surviving and Thriving at Work, Home, and School, 2nd ed.* Seattle, WA: Pear Press; 2014.

Sousa D. *How the Brain Learns*. Thousand Oaks, CA: Corwin; 2011.

马尔科姆·诺尔斯和成人教育准则

企业培训和学校教育最大的区别在于，前者所有参加培训的人员都是成人。而且，其中某些学员可能比培训师更加年长，也更富有经验。

马尔科姆·诺尔斯（1913—1997）是第一个发现儿童教育和成人教育有着天壤之别的人。他创立了成人教育理论，将成人教育和儿童教育区分开来。由其所著的

《成人学员》（*The Adult Learner*）一书，被奉为成人教育界的经典之作。

诺尔斯确立了许多成人教育准则，表 1-2 中归纳了最重要的几条准则。

表 1-2   成人教育准则

准　　则	关键概念及其运用
成人想知道为什么	成人需要知道参加培训的理由。理解培训给自己带来的好处后，他们才会乐意并以积极的态度面对培训。 • 明确说明培训与学员工作所存在的联系； • 说明掌握新技术和知识的好处
成人是现实的	成人最感兴趣的是生活和工作中能够利用的知识。 • 着重强调知识的运用及其效果； • 尽可能在理论知识上少花费时间，让学员理解意思即可； • 举出现实中的例子，并指导学员将所学知识运用到工作中
成人重视自主权和选择权	成人习惯于自主决定，并自由决定自己的做事方法，安排自己的时间。 • 在时间允许的情况下，请让成人学员自行选择完成任务的方法或让他们自由举例；

续表

准　　则	关键概念及其运用
成人重视自主权和选择权	• 不要过度控制课堂，否则成人学员会产生抵触心理； • 利用能够提供学习资料的在线学习平台，让学员能够创造出属于自己的学习方法
成人能够给课堂带来丰富的经验及专业知识	鼓励学员将已有经验和新知识相联系。 • 征求并尊重他们的意见和建议； • 请他们根据经验，举出实际工作中的例子； • 鼓励他们交流想法，分享好的方法； • 预留小组讨论时间； • 鼓励学员分享将新知识和旧经验相结合的方法
成人希望积极地参与到学习过程中	在设计培训计划时，请创造出能够让学员有机会参与的活动环节。 • 避免让学员长时间被动听讲或观看演示，尤其是网络培训时

 思考问题

　　诺尔斯的成人教育准则是否和你的教学偏好相符？你有什么要补充的吗？

实际运用

请记住，参加培训的成人学员已经在各自领域卓有成就，并且也许比你更富有实践经验。所以，请尊重他们的经验，运用恰当的教学方法，让他们认识到所学知识的可用性，并学以致用。

对照附录 A 的成人教育准则，看看你的培训课程是否遵循了这些准则。

学习资源

Knowles M, Holton E F III, Swanson R. *The Adult Learner, 8th ed.* New York, NY: Routledge; 2015.

Caffarella R, Daffron S. *Planning Programs for Adult Learners: A Practical Guide, 4rd ed.* San Francisco: Jossey-Bass; 2021.

有效培训的四个要素

根据对学习和认知科学的研究，神经领导力研究所的戴维奇（Davichi）及同事总结了影响学习的四个要素（AGES 模型）：注意力、产生联系、情绪和分散学习。表 1-3 总结了 AGES 模型在企业培训中的应用。

表 1-3　AGES 模型的应用

要　　素	关键概念及其应用
注意力 （Attention）	• 学员只学习他们所关注的； • 注意力是很难保持的； • 人们不会关注无聊的事情； • 在真实的课堂中，人们的注意力可以保持 8~10 分钟，而在虚拟课堂中，则只能保持 2~3 分钟； • 培训课程要引人入胜，并在设计时注意在一段时间后，重新引起学员的兴趣； • 使用多种方式保持学员的注意力并让学员积极互动，参与到课堂中，尤其是在网络教学时； • 多重任务会分散学员的注意力，使得学习效果大打折扣

续表

要　素	关键概念及其应用
产生联系 （Generation）	• 学习需要将新旧知识相结合； • 人生经历各有不同，因此学员对自己创造的新旧知识的联系会比单纯依靠培训师所教授的，记忆得更加清晰、持久； • 请学员将所学内容和自身实际相结合，或者将所学内容再教授给他人； • 要取得最佳学习效果，学员需要时间思考，积极参加课堂活动并将新旧知识相结合
情绪 （Emotion）	• 情绪——无论是积极的还是消极的——都和学习存在着紧密的联系； • 通过提高注意力，使情绪得到调节，会对学习产生促进作用； • 压力过度或对失败的恐惧会对学习产生阻碍作用； • 积极情绪——欢笑、归属感或感激之情——会促进学习； • 消极情绪——受批评或尴尬——会阻碍学习； • 与学习内容相关、符合文化环境并切合主题的幽默，也可以对学习产生促进作用
分散学习 （Spacing）	• 分散学习是最有成效的学习方法之一； • 一段时间后再复习所学过的知识，能够加深并延长对学习内容的记忆；

续表

要　　素	关键概念及其应用
分散学习 （Spacing）	• 如果要求学员回忆并应用之前所学到的知识，那么分散学习就会取得最佳效果； • 将知识点综合起来，比单独教授某一知识点所取得的学习效果更加卓越

 实际运用

参照附录 A 的 AGES 列表，确认是否每种学习经历——自学、教师指导、在线学习、虚拟学习、经验汲取或者其他——都能够吸引你的注意力，请思考掌握的新知识与已有知识的联系，适当调整情绪，并利用分散学习法取得最佳学习效果。

学习资源

Davachi L, Kiefer T, Rock D, Rock L. Learning that lasts through AGES. *NeuroLeadership Journal*, 2010, 1(3):53–63.

Thalheimer, W. (2009) Spacing Learning Events Over Time: What the Research Says. http://q-mindshare.com/assets/

spacing_learning_over_time__march2009v1_.pdf.

70-20-10 模型

我们对工作的大部分的认知并不来源于培训课堂，而来自自身工作经验、与他人的交谈，以及上级传授的忠告和建议等。

这就是我们常说的 70-20-10 模型（见图 1-4）。这一概念是指，员工对于工作的认知，70% 来自工作经验，20% 来自与他人的互动，而剩下的 10% 则来自企业培训。

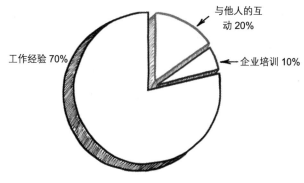

图 1-4　70-20-10 模型

尽管这一模型在企业培训领域引起了广泛关注，但请记住，它的归纳过于简单。"它既不是科学事实，也不是提高员工素质的秘方。"以学习研究的观点看，70-20-10模型被认定是"非官方"性质的模型。你应该把它视为一种概念模型而不是既定事实。

不过，70-20-10模型提醒了企业培训师，员工随时随地都在学习——并不仅依靠培训获取知识。作为培训界的行家里手，我们不能忽略无计划的或非正式的学习对于绩效所产生的影响。例如，在培训时我们教给学员特定的销售谈话技巧，但他们观察到自己的管理者或前辈所使用的方法和自己参加培训课程所学习到的有所不同，那么，他们的行为多多少少会受到一些影响。

如果从实际工作中获取的知识和培训课程所教授的一致，那么就可以巩固所学知识，达到培训的最佳效果。

 实际运用

请记住，员工如何工作取决于他们在工作中和正式培训中学到什么，并确保两者互相加强。

学习资源

De Bruyckere P, Kirschner P, Hulshof C. *Urban Myths About Learning and Education.* New York: Elsevier; 2015.

学习和人的绩效

学习和绩效的关系显而易见。如果员工不知道如何处理工作，或工作总做得不好，那么绩效便会不尽如人意。

不过，即便掌握了处理工作的方法，绩效也不一定能够得到保证，因为有诸多因素都会对绩效产生影响。所以，国际绩效改进协会（International Society for Performance Improvement）建议，需要通过一系列手段改进绩效。影响绩效的维度有三个（见图 1-5）。

- 员工；
- 工作；
- 工作场所。

培训师的三堂必修课

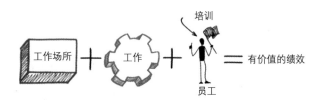

图1-5   有价值的绩效取决于员工、工作和工作场所
三个层次的影响因素

员工维度包括员工的知识储备、专业技能、工作态度、动机和期望。工作维度包括工作设计、部门分工、配额、工作流程和任务协调。工作场所（组织维度）则包括政策和程序、资源配给、目标和奖惩系统。

企业培训的目的在于让员工掌握工作所需的知识和技能。但如果企业不能提供工作所需的必要资源，工作流程杂乱无章，公司制度奖惩不明，那么即便技能再高超的员工，绩效也不能保证完全令人满意。不健康的工作场所或杂乱无章的工作流程并不能让知识渊博、积极上进的员工的绩效得到正确的评估。正如吉尔里·拉姆勒那句名言所说："优秀的员工扭转不了无序的制度所带来的负面影响。"

实际运用

当评估培训需求时，一定要认真审视企业全局，找到企业的症结所在。如果问题在于组织或流程层面，而不是缺乏知识或技能，那么依靠培训则不能解决企业的问题。请记住，企业产生问题的原因并不是一句话能说得清的，要想解决问题也不能仅仅依靠培训。

学习转化的重要性

学习转化是企业培训区别于一般教育的另一个方面。"学习转化"是指将新技能或知识应用于实际工作中，并不是指培训师将知识传授给学员的行为。

学习理论学家将学习转化分为近迁移和远迁移。近迁移是指，学员将新知识运用在与课堂范例相似的场景中。而远迁移则复杂得多，它是指学员认识到新知识和现实问题的内在联系，举一反三，融会贯通，将所学知识运用在新的情境之下。

隔行如隔山。每个领域所要面对的现实情况各不相同，所面临的问题也与培训范例相去甚远，因此大多数企业培训要达到的目标就是让学员掌握远迁移的要领。要达到这一目标，培训内容中需要提供各种练习，让学员将知识运用到多种情境之下。

学习转化对业务至关重要，学习行为只有通过转化并应用在实际工作中才能产生结果（见图1-6）。

图1-6　新技能和知识必须转化到实际工作中才能产生结果

除了培训本身，工作场所中的多种因素都会对学习转化过程产生影响，包括：

- 员工的顶头上级；

- 同事；

- 激励措施或认可；

- 使用知识的频率。

转化的重要性可以用下面的等式进行总结：

学习 × 转化 = 结果

也就是说，学习时间总量乘以知识转化总量等于培训对实际工作带来的结果。所以，要想将培训结果最大化，就要在学习时间和知识转化两方面下功夫。

唐和吉姆·柯克帕特里克在书中写道："如果学员不能学以致用，那么培训项目就是失败的。"

 实际运用

真正有效的培训设计包括培训策略、结构以及将对学习转化的支持当作整体培训计划的一部分。

学习资源

Pollock R, Jefferson A, Wick C. *The Six Disciplines of Breakthrough Learning: How to Turn Training and Development into Business Results, 3rd ed.* Beijing: PHEI; 2016.

Rummler G, Brache A. *Improving Performance, 3rd ed*. San Francisco, CA: Jossey-Bass; 2013.

Van Tiem D, Mosely J, Dessinger J. *Fundamentals of Performance Improvement, 3rd ed.* Hoboken, NJ: Wiley; 2013.

第 2 章

ADDIE：教学系统设计

ADDIE 是使用最为广泛的教学系统设计模式，它是教学设计五个阶段的首字母缩写：

- 分析（Analysis）；
- 设计（Design）；
- 开发（Develop）；
- 实施（Implement）；
- 评估（Evaluate）。

分析

开发任何绩效改进动议之前，第一步也是最重要的一步，就是分析实际情况，并确定：

- 想要达到怎样的绩效水平？
- 培训是不是正确的解决方案？
- 如果是，员工需要学习什么？

你的分析应该包括：

- 对绩效的期望值如何？
- 目前的绩效水平和期望值存在怎样的差距？

- 为什么会产生这样的差距？也就是说，提高绩效
  的障碍是什么？

正如前文所说，在分析时必须考虑到工作（流程）
和工作场所（组织结构）对绩效存在的影响。即便企业
领导提出了培训要求，但并不代表培训就是解决企业所
遇到问题的正确方案。

许多因素都会造成绩效低迷（见图 2-1）。例如，如
果没有收到针对其绩效表现充分的反馈，工作流程混乱
无序，绩效优异时不能受到应有的嘉奖等，都可能导致
员工绩效不佳。遗憾的是，许多管理者会将培训当作解
决所有问题的良药。事实上，只有问题的根源在于缺乏
知识或技能时培训才能产生效果。正如鲍勃·梅格所写
的那样："如果问题的原因不是缺乏知识或技能，你就可
以不用考虑用培训解决问题了。"

 实际运用

在答应进行培训之前，要先确定员工是否真的缺乏
知识或技能。鲍勃·梅格建议可以向管理者提出这样的
问题："员工是否可以靠他们的知识或技能养家糊口？"

如果答案是"是"，那么问题就出在"工作意愿"（或动机）而不是"工作技能"上，所以培训并不是有效的解决方式。

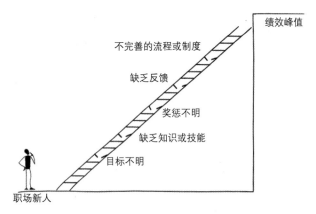

图 2-1　缺乏知识或技能只是绩效萎靡的其中
一个原因，也是唯一一个能够通过培训改善的因素

培训需求分析

如果你认为绩效不佳的原因在于缺乏专业知识或技能，那么培训就是解决这一问题的办法。下一步需要对培训需求进行分析，并确定：

- 学员需要提高哪些知识或技能？
- 是否所有学员都缺乏知识或技能？

○ 如果只有一小部分学员的绩效不佳，集中对这些学员进行培训即可，不需要全员参加。

○ 确定哪些学员真正需要提高专业知识或技能，并对这些学员进行培训。

如果对某一岗位的必备专业技能和专业知识描述不清，那么培训师需要通过询问富有经验的员工和管理者、认真观察其实际工作、比对绩效优秀和不佳的员工差异，找出对工作产生关键影响的知识、技能和态度。

要想搞清楚"哪些员工需要培训"和"技能差距有多大"，我们需要对当前绩效进行评估。这常常需要依据一系列标准（量表）的观察和测试两种方式结合获得。评估需要尽可能在符合实际的情境下进行。我们需要通过这些评估掌握更多信息，对症下药，解决实际问题。

学习资源

Hodell C. *ISD From the Ground Up: A No-Nonsense Approach to Instructional Design, 3rd ed.* Alexandria, VA: ASTD Press; 2011.

Kaufman R, Guerra-Lopez I. *Needs Assessment for*

Organizational Success. Alexandria, VA: ATD Press; 2013.

刘美凤. 教育技术基础. 北京：中国铁道出版社，2011.

↘ 分析的重要性

在教学设计过程中，分析阶段是最重要的，也是最容易被忽略的阶段。因为大家都想直接进入更具乐趣和创造性的设计阶段。而分析不足恰恰是大多数培训失败的通病，所以要认真进行分析。

 实际运用

请不要忽视分析阶段。如果你不知道产生绩效问题的根本原因，那么无论你的课程设计得多么富有创造性，无论你的教学技巧多么高超，培训最终也无法取得成效。

设计

一旦做好了分析，确定了需要培训，并确立了培训目标，那么下一步就正式进入设计阶段。设计阶段包括：

- 认真确定教学目标。

- 与利益相关人员就培训目标达成共识。

- 咨询内容专家选择培训内容。

- 按照逻辑结构和顺序组织学习材料，以促进学习。

- 确定哪些内容需要提前做，哪些内容需要在课堂上进行讲解，哪些内容需要通过实际工作得到支持和强化。

- 选择混合式的教学方法和媒体以最好地促进学习发生。

 实际运用

无论是自己独立还是和外包公司共同完成整个学习体验的设计，都要遵循教学设计的系统步骤，按照清单，确保完全囊括了一个成功培训项目所必备的全部要素。

设计阶段的最终成果，是一个文档，作为开发培训的蓝图。文档越详细、越具体，以后实际培训材料的开发就越简单、越快捷，也可能避免不必要的花费。设计文档也确保你时刻关注既定的学习和业务目标。教学设计需要囊括学习过程中的所有元素，即准备、介绍、实践和工作应用。

↘ 学习目标

学习目标是设计文档必不可少的要素。它明确指出了在成功完成培训后，学员将掌握的知识或技能。

学习目标应建立在对绩效和培训需求的分析之上。因为，绩效和培训需求决定了学员要胜任工作岗位和达到业务目标所必需的知识和技能。

不要低估精心设计学习目标的重要性。查克·霍代尔在 *ISD From the Ground Up*（2011）一书中写道："目标阐明是一项基本的、不可替代的技能。"因为"几乎所有的设计问题全始于草率的或不存在的目标"。

请记住，学习目标是为了达成业务目标而制定的（见图 2-2）。因此，要充分理解培训计划所要达成的业务目标之后，再制定学习目标。

图 2-2　学习目标说明了为达成既定目标，
员工需掌握哪些技能和知识

思考问题

在设计培训计划时，如果没有制定清晰的学习目标，会带来怎样的后果？

学习目标决定学习旅程的目的地。它相当于教学设计的路线图，指引着教学进程的方向，也是取得培训成功的关键要素。试想，如果你连目的地都决定不了，又怎么能决定走哪条路线最好。

教学设计者需要根据学习目标确定教学方法，选择技术手段，安排教学时间，设计培训练习等。如果学习目标不正确，那么培训也就不可能增值。

阐明学习目标

罗伯特·梅格被誉为学习目标之父，他所著的 *Preparing Learning Objectives*（1997）一书，依然是教育领域的权威著作。根据梅格的观点，有效的学习目标有如下三个特征：

- 专注绩效。一个好的学习目标要描述学员在结束课程时所能够做什么。

- 明确条件。一个好的学习目标会对行为产生的条件做出描述，如"面对面地针对价格进行谈判"。

- 定义成果。一个好的学习目标要明确学员最终所要达到的能力水平，如"5 分钟内达到 100% 的准确率"。

其中最重要的是第一个特征，学习目标要说明学习必须做什么才能表明他们达到了目标。

这意味着所要求的行为表现必须是能看见的和可测量的。因此，阐明学习目标时较为恰当的动词有：

- 解释；

- 分析；

- 论证；

- 组装；

- 创造。

不恰当的词语有：

- 知道；

- 欣赏；

- 理解。

因为以上词语无法判定学员是否达到既定目标。如果在描述学习目标时，使用了表述不清或无法测试的动词，就需要重新阐明。例如，如果你想明确学员是否真正掌握了某个概念，你的学习目标就应该是要求学员能够将这一概念清晰地解释给其他人。

霍代尔（2011）建议用 ABCD 法则来记忆，以便很好地阐明学习目标的四个要素（见表 2-1）。

表 2-1　学习目标的四个要素

受众 （Audience）	明确培训学员： • 例如，新任销售经理
行为 （Behavior）	使用可观察、可测量的动词描述培训结束后学员能干什么： • 例如，准确测量油箱燃料液位并计算剩余油量
条件 （Conditions）	明确展示绩效情境中的重要特征： • 例如，不能使用幻灯片

续表

标准 （Degree）	制定衡量目标是否达成的明确标准（百分比、时间、质量等）： • 例如，5 分钟内达到 100% 的准确率

不是所有的学习目标都需要包含这四个要素。如果受众没有变化，可以这样总结："接下来的培训项目，总体来说，新员工需要达到下列目标。"

 思考问题

下列目标是否合适？为什么？

"在这一板块结束，学员能够了解我们的产品与其他公司相比最重要的三个优点。"

下面这个怎么样？

"完成培训项目后，公司现有员工在没有任何帮助下能够 1 分钟内独立并准确指出公司所有在飞的、不同型号飞机的燃油添加处。"

学习资源

Mager R. *Preparing Instructional Objectives, 3rd ed.* Atlanta: CEB Press; 1997.

↘ 布卢姆分类法

1950 年，本杰明·布卢姆带领教育者学会成员，提出了教育目标分类法。

使用最为广泛的，是认知领域分类法（见图 2-3）。

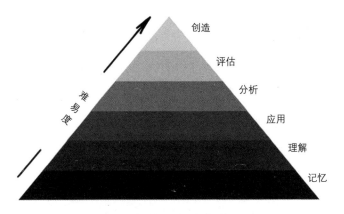

图 2-3　布卢姆认知领域分类法（修订版）

这一分类基于这样的理念：思维能力是有层次的。最基础的层次——更高层次能力赖以发展的基础——就是记忆（知识事实）。例如，孩子们在阅读之前，应该先正确地认识字以及它们所代表的含义。

理解——理解某一概念并向他人解释的能力——这是更高一层的思维能力。它取决于对基本知识的掌握情况，并要求建立基本知识与其他概念或思想的联系。

应用——将所学的方法或概念实际运用于特定的问题或情境中——也更为复杂。应用建立在基础知识和理解之上。

分析能力建立在以上三种能力之上，并不断到达金字塔的顶端。

2001 年，安德森和克拉斯沃尔对布卢姆分类法进行了修订，将"创造"加入金字塔的顶端，因为创造新方法或者问题解决的新方式有赖于其他思维能力的帮助。

表 2-2 列举了修订版分类法对于各个层次的定义，并列举了描述学习目标的典型动词。可以在网上寻找相关示例。

表 2-2　布卢姆认知领域分类法的定义、典型动词及示例

层　次	定义、典型动词及示例
创造	以全新的角度看待所有事实和概念，或者思考、筹划并创造可供选择的新的方法，这是在修订版分类法中最为复杂的环节。 学习目标所使用的典型动词：整理、组合、收集、构图、构架、创造、设计、发展、规划、组织、计划、准备、建议、书写。 示例：当消费者对产品价格有异议时，做出合理的解释

续表

层　次	定义、典型动词及示例
评估	通过核实和评判,建立合理的对于思维正确性、工作质量、信息价值的评估体系。 　学习目标所使用的典型动词：辩论、评定、批评、定义、评估、判断、预言、挑选、支持、估价。 　示例：运用课堂所学的评估标准，对 PPT 的质量做评估
分析	分解信息，认清各个信息之间的关系，并找出支持结论的观点；在使用电子表格、调查表、图表、图解或曲线图时可以充分发挥分析能力的作用。 　学习目标所使用的典型动词：分析、估量、计算、分类、比较、对比、评论、区分、区别、检查、测试。 　示例：通过对制造数据的分析，计算出产品的固定成本和变动成本
应用	应用是在掌握知识、事实、技能及规则后，正确地解决新问题或提出新的解决方法。 　学习目标所使用的典型动词：应用、选择、证明、利用、说明、理解、操作、安排、演示、简述、解决、使用。 　示例：演示如何安全地更换高压水管中的值
理解	通过阐释、对比、解释等方法，证明学员真正理解了知识点。 　学习目标所使用的典型动词：分类、描述、讨论、阐释、表达、定义、标识、查找、识别、报告、复述、回顾、挑选、解释。 　示例：阐释业务目标和学习目标的差别和联系

续表

记忆	通过回忆事实、术语、基本概念和学习过程，唤醒对前期学习材料的记忆。 学习目标所使用的典型动词：识别、列清单、命名、排序、识别、关联、回忆、重读、复制、陈述。 示例：正确识别公司新产品的主要电子组件

认知技能水平越高，就需要越多的时间和练习去掌握它。死记硬背固然简单，但要想将技能和知识熟练运用于多种情境中，还要持久地练习。而达到创造性解决问题这一步，还要花费更多时间。

 实际运用

利用布卢姆分类法开发学习目标。

向管理者阐述高级技能，如创造、评估、分析或应用，比简单地记忆需要更多的时间和练习，所以需要帮助他们设立合理的心理预期。

虽然更高水平的认知技能——如分析销售数据的能力——有赖于理解等低层次的认知技能，但并不代表低层次认知技能能够决定高层次认知水平。换句话说，有些人能够记住产品特性并通过相关考试，但他们不能令人满意地为顾客说明产品优势。

 实际运用

如果学员的学习目标是能够运用某一准则，那么我们需要对其实际运用水平做出评估，而不是要求学员简单地记忆准则的内容。这就是一致性原则：评估内容需与学习目标相一致。

综观全球在线数据，几乎没有仅仅要求员工记忆能力的工作。因此，多数公司的培训学习目标是在理解及理解水平之上的。我们需要达到比简单记忆更高层次的认知水平。学员能够记住事实并不代表培训活动的成功；我们必须让学员将学习内容有效地运用于实际工作中。

↘ 加涅的九大教学事件

确定好学习目标后，接下来的设计任务就是选择学习内容、选择教学方法和制定学习顺序等。加涅的九大教学事件在这个方面是一个很好的模型。

罗伯特·加涅及其同事通过人们对于信息的接受、记忆和回忆过程的研究，提出了九个教学步骤（见图 2-4）。

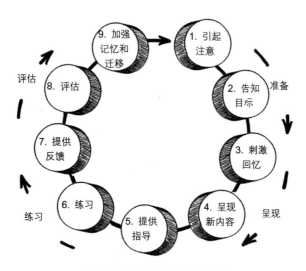

图2-4　加涅的九大教学事件

这些步骤被称为加涅的九大教学事件（或条件）。它被运用于各种培训，如课堂、虚拟、在线自学和经验式学习等各个学科领域中。

加涅的九大教学事件

1．引起注意

在学员开始学习之前，必须先吸引他们的注意。这是开始学习的第一个步骤也是关键步骤。引起学员注意的方式有提出问题、做演示、播放视频或进行小测验等。

2．告知目标

成人在翻开学习资料前，尤其想知道他们为什么要学习。在吸引大家的注意后，请告知学员培训项目的教学目标，以及培训成果所带来的好处（"对我有什么益处"）。

3．刺激回忆

所有的学习都建立在既得知识的基础之上。学员将新学习材料与既得知识联系得越好，他们学习、记忆及运用新学习材料的能力就越强。在这一步骤中，请让他们回忆自己以前所学过的知识。

4．呈现新内容

现在知识基础已经建立，是时候介绍新知识和新技能了。首先，要根据学员已习得知识和工作经验建立合适的教学顺序，将新知识与概念和他们已知的知识联系起来，通过类比或讲故事的方式让学员加深理解。将知识内容划分成易于掌握的知识组块，避免短时间内呈现过多内容，深度学习需要循序渐进。

5．提供指导

为学员提供指导，教授学员理解并记忆知识的有效方法，帮助他们将知识存储到长时记忆中。例如，为学员提供相关的例证、记忆方法、类比方式、心智模型，并创造让学员讨论、提问及反馈的机会。

6．练习

为学员提供练习新知识和技能的机会，并鼓励学员勤加练习，这是掌握知识的关键。重复可以加深记忆。可以先从简单的场景开始，随后逐渐加大难度。可以通过自我检测、互动游戏、角色扮演或模拟场景等方式进行练习。

7．提供反馈

不论是在培训中还是在实际工作中，反馈是提高绩效的一项必不可少的要素。确保留出充裕的时间让学员练习，并对他们的回答和表现提供有意义的反馈。使用标准，确保一致性；促进同伴互动，增加反馈的数量。

8．评估

通过评估，确保学员达到学习目标。使用一致性原则，确保评估项目与学习目标和实际需求相一致。避免只需要简单记忆性的问题（死记硬背），死记硬背对实际绩效贡献不大。

9．加强记忆和迁移

为学员提供工作辅助、工具、模板、提示信息等，以帮助学员将所学知识运用于实际工作中。同时，为学员的管理者提供具体的过渡时期的练习计划，以增强学员记忆并学以致用。

 思考问题

加涅的模型和诺尔斯成人教育理论存在怎样的关系？

加涅的模型和 AGES 模型有哪些相同点和不同点？

加涅的理论虽然形成于 50 多年前，但依然经得起时间的考验。某些（如引起注意）要素的重要性，已经得到研究证实。当前趋势表明，在学习过程中同时开展多项任务会降低绩效。

加涅的练习重要性的理论也得到了肯定。通过 200 多个研究调查，萨拉斯和同事提出了这样的观点："通过调查我们发现，学习产生于练习和反馈中。"

加涅提出的九大教学事件，依然是引领培训项目走向成功的指明灯。

实际运用

请对照附录 A 加涅的九大教学事件列表，检验你自己学习项目结构的质量。

鼓励学员试着进行多任务训练，如在培训期间回复信息和邮件。

↘ 教学方法

教学方法是培训师与学员接触的方式。在培训中，根据培训师和学员努力程度的不同，教学方法也是多种多样的（见图 2-5 ）。

传统教学中，学员是被动地接受培训师（现场或录音）提供的信息。而经验式学习则为学员提供了多种资源和现实体验，学员需要从中自行总结经验原则。

没有放之四海而皆准的教学方法，每种方法都有利有弊。在附录 A 中，我们列举了多种教学方法的优点、缺点和最合适的用法。

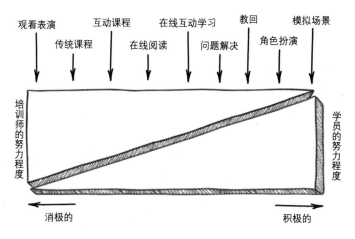

图 2-5　不同教学方法中学员和培训师努力程度的对比

 实际运用

优秀的培训师会根据学习目标选择恰当的教学方法，并运用多种教学技巧维持学员兴趣和注意力。能够让学员积极互动并深入思考的教学方法，会带来更好的教学效果。

↘ 传递媒介

培训的传递形式多种多样，除了传统的教师与学员共处一室的形式，以互联网为媒介，衍生了视频教学、在线自学、移动手机 App 等新型培训形式。

在确定最有效的教学方法之后，再选择传递媒介。

为什么？因为传递媒介会限制可以使用的教学方法。例如，预先录制的视频或播客不适合教授需要反馈练习的技能。相反，与课堂甚至在职培训相比，基于计算机的模拟（如飞行模拟器）可能是学习复杂技能的更好、更安全的方式。关键是要先选择最优的教学方法，再选择最有效的方式（媒介）来传递，在效率和效果之间取得平衡。

 实际运用

请在分析阶段完全结束后，再决定培训的形式（在线学习、课堂教学等）。请向你的客户解释，也许有更好的培训形式，但只有评估完培训需求后，才能最后确定选择哪一种。

现今，许多培训项目都会使用多种教学方法并融合各种学习方法和媒介，如在线培训、微学习模块、现场教学和在职培训等，以博采众长，取得最佳学习效果。

↘ 游戏化

利用游戏或游戏因素，即所谓的"游戏化"，成为炙手可热的企业培训课题。游戏是全球化的，世界上的每个角落都有适应各个年龄层的游戏。所有游戏都有一些共通要素：游戏规则、得分方法和"取胜"诀窍。

在培训项目中，设计良好的游戏能够吸引学员注意力，引导学员参与其中，并激发学员解决问题的兴趣。

我们所面临的挑战是如何设计出秩序井然的游戏。缺乏设计的游戏或练习不如说是浪费时间，有时甚至会导致学员情绪消极，投入度不高。

请确保你在培训中所使用的所有游戏都能够对教学目标产生促进作用。游戏不仅是有趣的活动。正如游戏化领域的权威专家卡尔·卡普所说："趣味横生的游戏并不能代表这项活动的正确性，更不能指望它产生学习效果。"

实际运用

将教学设计和学习需求相结合，引用能够对教学目标的达成产生积极作用的游戏。请记住，并不是所有活动都意味着有效学习。

Thiagi（Sivadailam Thiagarajan）是培训游戏化的忠实支持者。他出版了多部介绍成功培训游戏项目的图书。

学习资源

Kapp K, Blair L, Mesch R. *The Gamification of Learning and Instruction Fieldbook*: *Ideas into Practice*. San Francisco, CA: Pfeiffer; 2013.

Thiagarajan S. *Thiagi's 100 Favorite Games*. San Francisco, CA: Pfeiffer; 2006.

认知负荷

新信息要想有用，必须通过编码、巩固才能进入长时记忆。完成这一过程需要时间，并且容量有限。

富有经验的培训师和设计人员会关注学员的认知负

荷问题。如果一次性提供的信息过快，超过其可被处理
和消化的速度，学习的质量就会大打折扣，这就是所谓
的认知负荷（见图 2-6）。

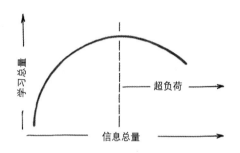

**图 2-6　信息过多直接导致认知负荷，
并与学习总量和学习深度呈负相关**

为什么会这样？因为信息呈现过快，导致学员没有
足够的时间处理这些信息，更无法将新内容与现有的知
识结构相结合。关键知识点会被琐碎的细节所淹没，学
员无法系统地掌握知识体系。

许多企业培训都会在有限的时间内涵盖尽可能多的
内容。结果，认知负荷反而影响了培训的效率。另外，
内容过多会减少练习时间，使得练习这一重要学习要素
被忽视。

实际运用

请注意你所主持培训项目的认知负荷问题。将内容控制在合理范围内，定期检查学员是否真正理解并消化了关键知识点和概念。

有序

怎样教学（你所使用的教学方法）非常重要。教学顺序（先教什么、后教什么、怎样将知识点连接起来）同样重要。

作为培训师，你需要帮助学员建立强健的、连贯的知识体系构架——一种心智模型，让学员可以将学习内容和先前概念相结合。"总分总"的教学方法是达成这一目的的有效方式。

正如其名，"总分总"的教学方法要求培训师从"总体"（学习内容蓝图），如最重要的理论或高层构架开始。这为学员提供了"先行组织者"，体现学习内容结构的大纲或图表。

接着，培训师要深入讲解每一部分知识点，每一部分结束后，再返回总构架，对知识点进行再梳理。这些步骤都完成后，再进入下一个知识点的重点讲解，如此循环往复。

在传授复杂技能时，"总分总"是一种非常实用的教学方法，先教授总体的技巧，再做具体实践。例如，销售电话的开场白和结束语。但重要的是，一定要回归"总体"，即完成"总分总"这一方法。因为即便对每一个部分都成竹在胸，也无法确保整体顺畅和谐、井井有条地运行。

思考问题

你怎样利用"总分总"的教学方法向他人讲解生产流程，或者基本的财会知识？

在教学技巧中，教学顺序尤为重要。总体来说，教学需要由易到难，即支架式教学①。首先向学员提出简单

---

① 支架式教学：应当为学员建构一种对知识理解的概念框架，用于促进学员对问题的进一步理解。因此，事先要把复杂的学习任务加以分解，以便把学员的理解逐步引向深入。它是根据维果斯基的最邻近发展区理论，对较复杂的问题通过建立"支架式"概念框架，使得学员自己能沿着"支架"逐步攀升，从而完成对复杂概念意义建构的一种教学策略。——译者注

的问题，随着学员对问题理解的加深，逐渐加大问题的难度，并减少其思考的时间或对他的帮助，直到该问题尽可能和实例（实际工作中的任务和情境）趋同。

　　"总分总"的教学方法（要求定期回顾所学知识）及支架式教学（不断增加难度的问题）同样利用了分散学习的优点（请看下文）。

 实际运用

　　请认真规划教学顺序，并精心设计练习。哪些应该先教以便使题目的顺序容易让学员理解和掌握？哪些主题或概念可以作为组织原则？在教学时，应怎样帮助学员从简单问题着手并逐步增加问题难度呢？

↘ 分散学习

　　分散学习是最好的学习方式之一。许多研究证明，在学习总时间相同的情况下，经过一段时间后再复习学过的内容会比一次性学完取得更好的学习效果。主要表现为对学习内容的理解更深刻，记忆的时间更长久（见图 2-7）。

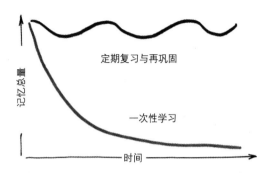

图 2-7　间隔一段时间后再复习，可以加深理解并使知识得到巩固

　　惊人的发现表明，无论是从教学层面还是学习层面来看，分散学习都比集中学习取得的效果更加卓越。这是因为分散学习创造出了"有益的困境"（Desirable Difficulty），当你学习一段时间的其他内容后，再复习以前所学习过的内容，大脑会更加活跃，因此学习效果也就更好。

 **实际运用**

　　请不要一次性讲授某一主体的所有内容。可以讲授其内容的一部分，然后继续讲授其他知识点，间隔一会儿或间隔几天后，再继续之前讲授过的内容。分散学习适用于课堂教学和在线自学等各种学习方式。

分散学习在课程结束后也可以起到提高记忆及促进应用的作用。许多企业在培训结束后，开发了相关系统。比较典型的，是在培训结束几周后，通过电子邮件或 EMS 向参与者提问。这些问题大多掺入了游戏化因素，如参与者可以通过答题得分并根据分数排行，以提高积极性。事实表明，这些活动不仅加深了学员对学习内容的记忆，并且提高了知识的利用率。

↘ 微学习

我们重视微学习或"碎片"学习的内在驱动力之一，是因为注意到分散学习所取得的显著成效。另一个内在原因是人们注意力的局限性。人类无法长时间集中注意力。当人们注意力不集中时，学习也就随之终止了。

请将培训项目划分为短小精悍的板块——课程时间可从几分钟到 1 小时——这比全天或多天课程所取得的教学效果更为显著。这种方式非常适合在线课程或录像课程。虽然很多内容需要集中精力并通过练习掌握，但并不影响精简课程和分散学习所带来的卓越效果。

实际运用

请思考，如果将你的培训课程划分为更小的板块，你觉得会让培训取得更好的效果吗？

开发

ADDIE 中的第二个"D"代表开发——在这个阶段，需要制作详细的培训材料、工作辅助、E-Learning 项目、培训师手册等。开发阶段可以根据蓝图建设一栋大楼。

开发阶段的工作包括：起草材料；获得必要批准；编程；制作图表、图片、视频等多种媒体素材；形成引导技术和培训学员指导书，小规模测试；重新制作为教学使用的材料。

这一阶段通常需要制作很多不同类型的学习材料，如从在线学习模块到培训师手册和工作辅助等。即便简单的培训项目，也不要低估为此制作高质量学习材料的复杂性。学习材料灵活多变，因此，在开发阶段所耗费的时间常常超出人们的预料。

表 2-3 列举了人才发展协会（ATD）所建议的每小时课程内容所需的开发时间。

表 2-3　每小时课程内容所需的开发时间

培训种类	所需时间（小时）
课堂面授	43~185
虚拟授课	49~89
自学（印刷品）	40~93
在线学习，低互动型	93~152
在线学习，高互动型	154~243
模拟	320~1743

尽管在线学习与课堂面授相比，开发阶段耗时较长，但培训成本相对较低，并且对于培训课程内容相同的项目（也适用于在线学习方式）来说，不失为一种经济的选择。

开发阶段应包括目标受众对教学模型和教学方法的几次循环测试。"经验和迭代"是设计思维和连续渐进法的重要原则。

实际运用

请提高你对开发阶段所需时间的估算值。确保自己留有充足的开发时间并告知企业管理者，以创造高质量的培训项目。

演示环节非常重要

请注意你所开发并分发的培训材料质量，培训材料需专业、美观，而且要为学员留有记录笔记的空白。请避免出现语法错误，使用低质量的图表，或者内容缺乏组织规划，这些失误都会降低你的威信。如果可以，最好请教一下专业的编辑和制图设计人员。

如果培训项目的主讲人不是你本人，那么你还需开发一个培训师指南。它必须明确指出每个环节的重点、基础理论、过程和练习简介，并且标明每一部分所需的恰当时间。

关于幻灯片

幻灯片是最常被使用也是最常被错用的教学辅助工

具。以下几点小建议能使你更加有效地利用幻灯片。

避免使用过多的文字

人类善于将图片和文字相结合，这就是为什么在用文字解释某种概念时，结合相关图解、表格和图片会取得更好的学习效果并使得内容得到更透彻的理解。但是，人类很难将两种不同的行为整合在一起。例如，我们很难在听讲的同时阅读一篇长文。因为这两种行为占用了同一种脑力资源，所以导致认知负荷的产生，降低了理解能力。

避免过度使用着重符号

着重符号让人感到无聊。整版的着重符号会让人昏昏欲睡。请谨慎使用。

使用相关图片

恰当的图片，如揭示两者间不同的图片，可以加深记忆并带来新的见解。但是错误的图片，如可爱但不相关的图片，会分散学员注意力。不相关的图片不仅干扰学员的注意力，还会使学习效果大打折扣。所以，如果图片不能对教学主题起到加深理解的作用，就一定不要使用。

请不要认为所有课程都需要使用幻灯片

幻灯片不是必需品。试着关掉投影仪，或者在讲课时脱离幻灯片。也许你和学员会觉得这是一次全新的改变。关掉投影仪之后，学员的注意力将从屏幕转向课堂本身。

请将信噪比最大化

信噪比是一个工程概念。信号指的是有用信号总量，噪声指的是背景噪声信号总量。对于幻灯片来说，信噪比指的是幻灯片中的有用信息量与非相关因素的比值。这些非相关因素指的是背景图片、装饰性的页眉及页脚、网格线和不必要的符号等。如果某些内容可有可无，那么请删除。简单为上。

不要逐字阅读幻灯片上的文字

学员都是成人，具备独立阅读的能力。事实上，他们阅读的速度比你朗读的速度更快。如果照读幻灯片上的文字，就是多此一举。只要在幻灯片上注明标题即可，知识点的内容和细节由你本人向学员讲授。

学习资源

Duarte N. *Slide:Ology:The Art and Science of Creating Great Presentations.* Sebastopol, CA: O'Reilly Media; 2008.

Reynolds G. *Presentation Zen.* Berkeley, CA: New Riders; 2008.

ADDIE 模型的开发阶段包括对开发的材料、练习、培训师手册等进行小规模测试。但事实上，很多时候我们会将小规模测试拖延到实施阶段，这是极大的错误。

等所有学习材料准备就绪并投入使用后才能发现缺陷，会导致时间上和金钱上极大的浪费。这就是最佳实践使用快速原型法进行开发的原因，这样可以将测试贯穿整个开发阶段。

实施

ADDIE 的实施阶段指的就是培训的交付。这是分析、设计、开发等阶段最终的目的。实施阶段就是行外人所认为的培训。但他们不知道也不曾感激我为最终到达实施阶段而付出的努力。

根据培训形式的不同，实施阶段可能包括：

- 与你的信息技术团队合作，将培训项目引入学习管理系统或企业内网。

- 如果培训项目中有多个培训师参与，或者企业管理者主讲某些培训课程，请再增设培训师培训环节。

- 为培训安排培训师时间，以及培训教室、远程会议支持或其他设施。

- 安排练习、模拟和技术支持的闯关活动等需要的技术支持。

- 确保培训和相关教材及时送到正确的地方。

 实际运用

及时跟进实施情况，尤其是多个培训师参与教学的情况下，确保培训项目按计划实施。

↘ 让学员投入

茱莉亚·德克森在她的著作《为学习而设计》一书

中写道："卓越的学习体验并不在于学习内容，而在于学习内容被传授的方式。"换句话说，媒介很重要；同样的内容，通过不同的教学方法，可能会让学员理解深刻，马上学以致用，也可能导致学员只学到了皮毛，无法随心运用。

 **思考问题**

想一想你所经历的最棒的学习体验，它有什么特点。总结你所使用的培训方法的要素。

培训项目需要精心设计，以便使学员在课堂上的多数时间都在主动学习。培训师——尤其当培训师是某一领域的专家时——需要严格遵循培训计划，切勿在课堂上将所有知识都传授给学员。优秀的培训师懂得，自己的角色是课堂的指导者，而不是知识的化身。

课堂教学

鲍勃·派克在《创意培训技巧手册》中提出创造"以学员为中心"的课堂环境，以促进学习。以下是他的几点建议。

- 给予每位学员鼓励。帮助学员与其他学员配对协作。鼓励小组间的交流，分享各自的经验和专业知识。

- 培训师态度要平易近人。对学员多鼓励而不是下达命令。记住，成人学员重视自主权。

- 尊重学员的想法，即便你对他的观点并不赞同。切勿批评、数落或轻视学员，否则你会失去大家的尊重，也会让学员对你产生抵触心理。

- 将培训人格化。让培训充满激情、活力满满、积极向上且周密详尽。

- 记住，培训是要最大化学员的学习，而不是炫耀你所掌握的知识。谨记你的学习促进者身份。避免滔滔不绝地宣扬、说教你个人的观点。

虚拟教学

越来越多的企业利用远程会议技术进行培训。这极大减少了往来于教室与工作场地之间的路程和时间。这种方式更适合短小的系列培训课程（微学习和分散学习）。

由于培训师不在现场，而且学员在上课的同时更倾向于进行多重任务，网络培训在维持纪律和集中学员注意力方面面临着特殊挑战。

达莲娜·克里斯托弗在《成功的虚拟课堂》一书中提出了以下几点建议：

- 利用虚拟课堂特色功能，如内容和屏幕共享、注解工具、在线投票和分组讨论室。

- 鼓励学员参与互动。

- 将聊天的回答结合到讨论中。

- 使用比课堂教学数量更多的图片。

- 利用注解工具对幻灯片上的关键内容进行重点提示。

- 充满活力，让你的热情感染学员。

我们需要对虚拟教学进行专门的课程设计。要对课堂教学的设计进行改良，以适应网络课程的需求，取得最佳学习效果。需要注意的是，虚拟教学比课堂教学需要使用更多的图片，虚拟教学可以设计更多的互动活动。

 实际运用

虽然许多虚拟教学可以代替课堂教学，但一定要确保课程内容是适合虚拟教学的。

异步在线学习

异步在线学习有许多优点：节约成本，学员可根据自身的步调和时间安排学习，提供实践和反馈的机会，等等。它在互动性、投入性和有效性方面有很大潜力。

遗憾的是，在线学习专家迈克尔·艾伦发现："人们不相信在线学习能够发挥巨大的潜能。许多观点认为，在线学习所取得的效果并不令人满意。"

很多在线学习项目都不过是将课程内容从书本上转移到了电脑屏幕上，再在课程中加入几个问答而已。所谓的互动也仅仅是让学员单击"下一页"按钮。

艾伦强调，教学体验（无论是什么传递媒介）必须充满意义、令人难忘并能够调动学员的积极性，这样才能达到预期的效果。

虽然图表设计、排版和界面非常重要，但也比不上一个有意义、令人难忘、富有激情的挑战重要。许多在线学习的设计美观大方，运用了多种酷炫的科技手段，但仍然不是令人投入和有意义的学习机会。

实际运用

在设计和实施在线学习课程时，要注意：

- 经常进行有意义的互动。

- 保证课程和情景（如计划一个会议、调查劳动事故、打销售电话）是贴近现实的（富有意义、真实并和工作相关的），这样才会引起学员兴趣，使其认真学习。

- 学员必须制定所设背景下实际的行动方案。

- 不要直接告诉学员"你是对的"或"你是错的"，而要让学员认识到自己的选择所带来的结果，就像电子游戏，可以将我们的选择直接反馈在结果中。

- 在线学习必须方便使用、易于理解，这样才能让学员将注意力集中在掌握内容上。

↘ 确保习得知识在实际工作中的应用

高质量的培训是必需的，我们不会运用没有学会的知识。员工虽然在培训中学习了很多知识，但这些知识并没有运用到实际工作中。如果知识不能学以致用，那么培训就是在浪费时间和金钱，即所谓的学习废品。

企业培训只有转化为工作中的实际行动才能彰显价值（见图 2-8）。正如保罗·马修斯所说："持续的、富有竞争力的优势并不完全建立在组织和其员工的知识水平上，而建立在如何运用其所知之上。"因此，作为培训师的你，工作中最重要的一部分，是保证学员在培训结束后，能将所学知识运用到实际工作中。

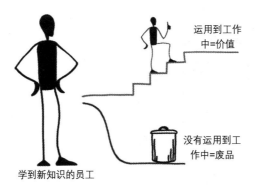

**图 2-8　没有被运用到实际工作中的培训就是"学习废品"。
它像工业废品一样，代表着对时间、金钱和机会的浪费**

思考问题

你是否有过培训结束后发现所学知识毫无用武之地的经历？或者比这更糟，出现管理者对你的工作要求和你所学的知识背道而驰的情况？

- 你的感受如何？
- 那次培训值得吗？

确保学习转化的三个关键点：

- 创造积极的学习转化氛围。
- 让管理者有效参与。
- 提供必要的绩效支持。

创造积极的学习转化氛围

培训是否能够最终转化为商业价值，主要取决于学员特征（动机、才能、能力）、培训特征（明确性、相关性、有效性）和转化氛围（将知识转化为工作的催化剂和阻力）之间的相互关系（见图2-9）。

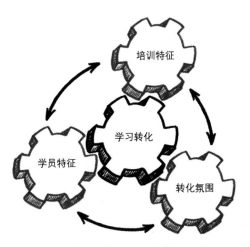

图 2-9　学员、培训本身、工作环境因素的相互作用决定学习转化

转化氛围可以让培训走向成功，也可以让培训走向失败。转化氛围的关键因素包括：

- 学习准备；
- 应用机会；
- 学习动机；
- 上级支持；
- 同事帮助；
- 绩效期望。

路易斯安那州立大学的埃尔伍德·霍尔顿及同事开发出了一套用于评估学习转化氛围是否健康的学习转化

评测系统。附录 A 列举了该系统对学习转化氛围的简要评估标准。

 实际运用

请利用附录 A 的学习转化氛围评估标准，为学员的学习转化氛围评分。将结果分享给管理者，并和管理者商讨改善转化氛围及增加培训价值的方法。

让管理者有效参与

管理者的支持是创造良好学习转化氛围必不可少的因素。罗博·布林克霍夫通过观察发现："当管理者支持培训项目和员工时，培训就会产生效果；反之，则不会产生效果。"

研究结果显而易见，学员的管理者对培训项目是创造价值还是浪费时间和金钱产生着巨大影响。一项对销售培训的研究结果显示，管理者帮助学员将培训所学应用于工作的团队，为公司赢得了高于培训投资总额 25% 的利润；管理者未帮助学员巩固知识的团队，虽参加了同样的培训项目，却损失了培训投资总额 18% 的金额。

如果管理者鼓励并支持学员将知识和技能学以致用，那么培训的价值就会得到提升，从而使绩效得到提高（见图 2-10）。

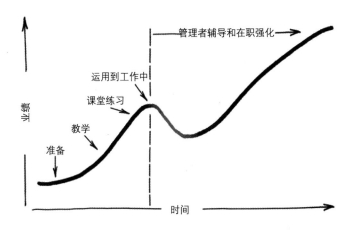

图 2-10 有了管理者的持续支持，培训价值就会得到提升

一旦失去员工直属上级的支持，员工学到的新技能就很可能无法应用于实践，这将导致培训的努力付之东流（见图 2-11）。

让管理者参与的三个关键点：

- 事先得到管理者对培训价值的认同。
- 确保管理者了解强化培训效果的益处。
- 为管理者提供明确、简单、高质、高效的建议。

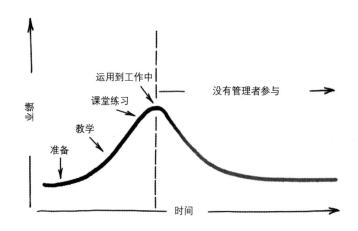

图 2-11　缺乏管理者的持续鼓励和支持,
员工绩效很可能倒退至培训前的水平

事先得到管理者对培训价值的认同

只有管理者认同培训所要达到的学习目标,他们才更有可能支持培训项目并确保将培训所学的知识运用到实践中。请尽可能地邀请管理者中的一员加入培训项目的设计团队,倾听他从商业化的角度分析对培训的想法和考量。这位管理者要善于沟通,并具备将培训理念准确无误地转达给其他管理者的能力。

确保管理者了解强化培训效果的益处

管理者非常忙碌,他们必须合理安排时间,将待办事项根据其重要程度排列出来。如果我们想让管理者把

强化培训效果作为重要待办事项，那么就要给他们一个
难以拒绝的理由：我们必须向对待学员那样，回答管理
者"我能从中得到什么"的问题。

 实际运用

　　要劝说管理者花费时间和精力帮助学员将知识运用
于实践，我们需要：

- 提供企业培训成功的案例。
- 向管理者阐明他们将对培训效果产生的重要影响。
- 向管理者说明他们的努力会对本部门带来的益处。

　　你对培训所取得的业务结果描述得越好——并说明
培训如何能够帮助管理者达到他的业务目标——得到管
理者支持的可能性就越高。这就是"界定业务结果"作
为高效学习 6Ds® 准则之首，也是最重要的步骤的原因。

　　培训师要让管理者相信，他们对于学习转化所做出
的努力不会白费。将管理者在学习转化中的参与度对培
训所产生影响的研究结果分享给他们，让管理者明白自
己的作为（或不作为）会引起的后果。并且，向管理者
说明员工绩效的提升会直接提升部门的绩效。因此，保

证培训成果得以实际应用是最符合管理者本身利益的选择。

最后，向高层管理者强调，一线管理者如果不能保证员工将新知识和技能进行运用，那么培训就会功亏一篑，既浪费时间又浪费金钱。

为管理者提供明确、简单、高质、高效的建议

管理者在培训后不提供指导的其中一个原因是，他们不知道自己应该做什么。虽然他们被提拔为管理者，但并不能保证他们能有效地指导培训，或者能帮助提升特定培训所产生的价值。你可以为管理者制作一份指南，对管理者进行指导，说明应如何利用好培训，将培训的价值最大化，以克服障碍，提高效率，达到培训的最佳效果。

 实际运用

为管理者提供详细的建议，指导他们在培训前期、中期和后期的行为，将投资价值最大化。注意，人们更乐于使用简短的建议。

你可以参考杰斐逊等人所著的《将培训转化为商业

结果·转化篇》一书，2017。

提供必要的绩效支持

消费品品牌公司往往会为消费者提供高质量的售后服务，因为这会提高消费者的满意度。而心满意足的消费者，往往会将购买的产品介绍给其他人，并有可能购买同品牌的其他产品。

企业培训也是同样的道理：心满意足的管理者和员工更有可能推荐这款培训产品并希望在未来接受更多的培训。员工对培训是否满意取决于所学知识是否能够帮助自己实现个人目标。

培训后为学员提供定期、有效的绩效支持，不仅能够提升员工学以致用的能力，也可以提升员工对整体学习经历的满意度。不仅如此，管理者看到员工经过培训使绩效得到提升，他们对培训项目的满意度也会上升，从而更愿意将培训项目推荐给其他人。

即便培训质量上乘，万里挑一，绩效支持也是必不可少的。戈特弗里德森和莫舍指出："课堂上对知识的理解和掌握，与将这些知识真正高质、高效地在工作中运用，完全是两码事。"对于刚刚接触某种知识或技能的新人来说，绩效支持的价值尤为显著。绩效支持不仅能够帮助员工在应用新技能和知识时取得初次成功，还能保证其在今后工作中持续不断地使用新技能和知识（见图 2-12）。

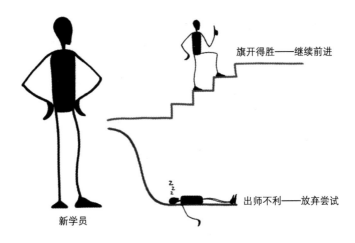

旗开得胜——继续前进

出师不利——放弃尝试

新学员

**图 2-12 帮助员工取得首次成功后，
绩效支持鼓励员工不断使用新技能和知识**

能够突出表现绩效支持价值的情况：

- 当任务不常做时；

- 当涉及多步骤、多因素时；

- 当频繁更改工作流程时；

- 当培训时间受到限制或没有时间培训时；

- 当工作失误会导致极大损失或危险时。

有效的绩效支持是：

- 什么时候或在哪里需要时的可获得性；

- 简明扼要；

- 易于理解；

- 具时效性（及时更新）。

绩效支持有多种形式：

- 绩效清单；

- 流程图；

- 智能手机应用；

- 数据库信息；

- 图解；

- 故障排除指南；

- 帮助热线；

- 专家指导。

要根据任务和工作的属性决定绩效支持的最佳方式。有时仅仅依靠绩效清单和图解就能够解决问题。有时则需要多种绩效支持方式，如使用计算机程序或观看视频"教程"。如今，智能手机则为我们开拓了更加丰富、简单和有效的支持方式。

　　培训期间是引进工作辅助和绩效支持方式的最佳时机，在此期间，学员能够熟悉它们并了解其价值。要将绩效支持作为整体设计环节的一部分，而不是计划中所未考虑到的附加品。

 实际运用

　　提供工作辅助和绩效支持以提高培训的有效性。

　　无论独立或与供应商合作设计培训计划，请在一开始就将绩效支持加入培训要素中。

评估

　　"E" 代表 ADDIE 中的评估。

　　评估分为形成性评估和总结性评估两种。形成性评估是在项目或流程的开发阶段进行的评估，旨在对项目或流程进行改进。总结性评估是在项目或流程结束时进行的评估，旨在确定项目是否达成既定目标，评定为此项目付出的努力是否值得。从理论上来说，ADDIE 所指的评估既包括形成性评估，又包括总结性评估（见图 2-13）。

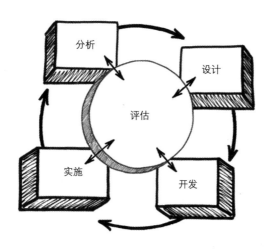

图 2-13　理想情况下，ADDIE 过程中的每一步都应该得到评估

↘ 形成性评估

形成性评估要求我们在 ADDIE 的每个阶段回答如下问题。

分析

- 我们是否完全明白问题的关键点？是否了解目标受众？是否知悉学员在技能或知识方面的欠缺？
- 我们是否掌握了确认培训是否需要的足够信息？

- 我们是否掌握了影响绩效的其他不利因素？

设计

- 教学目标是否明确清晰、可付诸实践、与工作相关并且恰到好处？
- 是否有足够的时间完成教学目标？
- 培训内容是否经过相关专家的肯定和确认？
- 教学设计是否遵循成人教育准则？
- 教学设计中是否包括充足的互动环节和足够的练习反馈机会？

开发

- 教学材料对于目标人群而言是否清晰、易于理解？
- 如果使用幻灯片，幻灯片是否易于操作？
- 图片资料是否和教学内容相关？它对教学会起到促进作用，还是会分散学员的注意力？
- 课程构架是否有序并容易掌握？
- 课堂中的活动时间是否合适？
- 针对培训师的指导材料是否充分以让培训师能够有效地进行培训？

实施

- 学员是否认为培训对工作起到了帮助作用？

- 培训的教学演示、材料和练习对学员来说是否清晰？

- 培训项目是否按计划执行，并最终达成了学习目标？

- 学员是否能够运用所学知识？

评估

- 总结性评估是否能够对项目整体进行中肯的、可信的并且具有说服力的评估？

- 总结性评估是否包括对转化氛围的评估？

- 如何利用评估结果驱动持续进步？

 实际运用

随着培训项目的展开，你需要对 ADDIE 的每个阶段进行评估（形成性评估），而不要等到培训结束。如果在初期没有发现某些错误或遗漏，那么这些错误或遗漏在实施阶段很可能造成巨大损失或不可挽回的后果。

↘ 总结性评估

总结性评估是在培训项目结束时所进行的评估。总结性评估需要回答如下问题：

- 培训是否达到了既定的业务目标？
- 培训是否物有所值？
- 怎样改进项目，让今后的培训更加高质、高效？

总结性评估至今仍是培训与发展项目过程中最具挑战性的环节之一。你应该熟知以下几种评估模型，并对其进行讨论。

↘ 柯克帕特里克的四级评估模型

柯克帕特里克的四级评估模型是目前使用最广泛的企业培训评估模型。柯克帕特里克在 1959 年写过一系列关于评估培训项目的文章。他提出，可将培训评估分为四级（见表 2-4）。

表 2-4　柯克帕特里克的四级评估模型

评估等级	评估内容
4．结果评估	企业是否因学员的培训取得了更好的经营效果？
3．行为评估	培训后，学员的工作行为是否得到显著改善？

续表

评估等级	评估内容
2．学习评估	培训是否到达既定学习目标?（学员是否能够通过基于学习目标所设计的考试？）
1．反应评估	学员对培训的感想如何？

柯克帕特里克认为这四级评估存在着如图 2-14 所示的链条关系。那就是，员工积极的学习经历才能最终达到既定的学习目标。而达成既定的学习目标则是员工行为改变的先决条件，员工行为得到改变，才能最终创造商业价值。

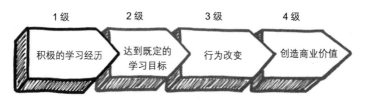

图 2-14　柯克帕特里克认为四级评估之间存在着链条关系

研究证明，这一观点是错误的。对某一等级的评估并不能预计下一阶段的成功与否。许多研究并未找到反应评估（1 级）、学习评估（2 级）、行为评估（3 级）和结果评估（4 级）之间的关系。换句话说，学员是否积极学习不能保证他们能够完全掌握学习内容，也不能保证培训确实能带来商业价值。

 实际运用

　　反应评估得分并不能表示培训是否成功。如果你想了解学员是否掌握了所学知识，你需要组织测验；如果你想知道他们是否将所学知识运用到实际中，你就必须观察他们的工作；如果你想知道是否达到了商业目标，就必须对结果进行评估。

　　反应评估较为简单，大多数组织都会在培训结束后或结束后不久进行问卷调查。

　　学习评估比较困难，必须根据教学目标，对学员进行有效测试。有效测试指的是，针对学习内容具体掌握情况的评估测试（遵循一致性原则），与上述条件和标准相似，根据员工的工作表现进行的评估测试。

　　行为评估更加困难，它需要对工作行为做出评估，一般是通过观察员工行为或查看员工绩效表单而得出评估结果。

　　结果评估最为困难，评估培训对经营结果的实际影响，而经营结果受多种因素的影响。所以结果评估需要：

可靠的绩效评估方法；排除其他影响因素，就培训本身对经营绩效所产生的结果进行衡量。

由于高等级评估的困难性和复杂性，许多组织选择只进行反应评估。这会带来以下两点问题：

- 反应评估对培训的实际价值并没有实质性的预测效果。不可否认，较高的反应评估分数（如典型的 smile sheets 调查）确实给工作带来了一些积极的影响；就像垃圾食品，虽然人们都享受食用垃圾食品的快感，但其不是最健康的食物。学习应该是井然有序、严谨缜密的，它并不是为娱乐大众而存在的。

- 企业领导者不会关心反应评估或学习评估的结果。他们真正关心的是员工的行为和结果。从领导者的观点看，员工是否享受培训，或者员工在培训期间掌握了多少知识都不重要，重要的是，员工经过培训后是否能将知识和技能运用到实际工作中，并最终带来绩效的增长。

实际运用

如果你想收集员工对于培训的感想，那么遵循威尔·塔尔海默的如下建议可以使这种评估以绩效为中心，并易于付诸实践：

- 请用清晰明了、与工作相关的问题向学员提问。
- 请为学员提供描述清晰并易于理解的选项，而不是笼统的同意或不同意（诸如此类）的答案。
- 结合即刻问卷和延迟问卷两种调查方式。

请参考：威尔·塔尔海默 *Performance-Focused Smile Sheets* 一书，Cambridge, MA: Work-Learning Press; 2016。

虽然业务结果（柯克帕特里克所说的 4 级评估）在企业领导者眼中是与衡量商业利益最为相关的，但问题是业务结果会受到诸多因素的影响。企业市场、同行竞争、供应链问题、政策改变等，都会提高（或降低）经营绩效，而这些因素则与培训本身并没有任何关联。因此，很难对培训本身的价值与贡献做出准确评估。

即便如此，我们仍可以直观地看到，培训项目和管理者指导对员工行为带来的变化——员工会使用更新颖、更优秀的方法处理手头的工作。阿斯利康制药有限公司前 CEO 戴夫·布莱那恩做出如下总结："很显然，人们都想量化业务结果。但在我看来，业务结果确实是一项重要的评估标准，但培训所带来的行为结果上质的飞跃，则更值得我们评估。"

 实际运用

请一开始就关注培训和管理者指导对员工行为所带来的改变。如果员工行为有所改变，肯定会对结果产生影响。相反，如果培训后员工行为并未发生改变，那么绩效的改变则是其他因素造成的。

↘ 投资回报率

一般意义上的投资回报率（ROI）是用来评估各种投资是否值得的商业概念。公式如下：

$$投资回报率 = \frac{回报 - 成本}{成本}$$

我们通常用百分数来表示投资回报率。例如，如果

500 000 元成本最终带来 600 000 元收益，那么投资回报率就为 20%，如下所示：

$$投资回报率 = \frac{600\,000 - 500\,000}{500\,000} = \frac{100\,000}{500\,000} = 20\%$$

杰克和帕提·菲利普斯是呼吁将投资回报率引入培训与发展项目的主要倡导者。他们甚至提议应该将投资回报率作为评估的 5 级。

实际上，企业领导者确实会将培训当作一项投资，他们期待培训能够带来回报，能够提高业务绩效。不过，这并不意味着需要培训部门真的为他们计算培训的投资回报率。

计算培训的投资回报率所面临的难题与 4 级评估相同：很难将培训与其他因素隔离开来，估算就培训本身对业务的实际回报。而且，投资回报率研究价格高昂且耗费时间。在选择评估方法之前，先和领导者讨论一下，确定他们想要怎样的结果，以及他们如何定义成功。

 **实际运用**

在开始培训项目之前，先和企业领导者讨论，询问他们需要怎样的结果以证明培训的成功，引导他们关注

员工行为方式的变化。如果管理者要求提高业务绩效或投资回报率数据，请向他们解释其中的困难，并寻求财务部门的帮助，以对相关数据进行分析研究。

学习资源

Kirkpatrick J, Kirkpatrick W. *Kirkpatrick's Four Levels of Training Evaluation*. Alexandria, VA: ATD Press; 2016.

Phillips J, Phillips P. *Handbook of Training Evaluation and Measurement Methods, 4th ed.* New York: Routledge; 2016.

↘ 成功案例法

罗博·布林克霍夫提出了另一种培训评估方式，他将其命名为成功案例法。成功案例法指出了培训项目所要面对的两个事实：

- 在任何培训项目中，学员对所学技能及知识的运用，以及培训所带来的结果都是有限的。

- 培训这一独立因素，并不能为绩效的提高或下降负责。

成功案例法的目标是：

- 收集培训对工作产生积极影响的确切证据；

- 找机会对未来的培训进行改进。

成功案例法有三个步骤（见图 2-15）：

（1）确认：找到成功和失败的学员。

（2）说明：说明导致其成功或失败的原因。

（3）报告：向管理者汇报你的发现和建议。

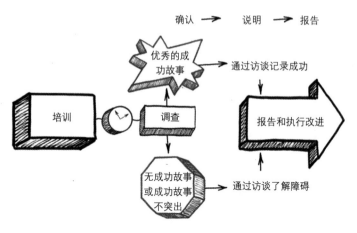

图 2-15　成功案例法示意图

找到成功和失败的学员

这一步需要对学员进行调查。保证学员在培训后有时间将所学知识用于实践，并让他们看到学以致用所带来的效果。观察时间需视培训方式而定：电脑技术培训需要几天或几周；软技能培训需要几周到数月。你需要掌握的信息是：

- 学员是否有机会应用所学知识？
- 对知识的应用是否成功？（是否产生了实际的、积极的影响？）

将学员分为两组：

（1）确实将所学知识学以致用并从中受益。

（2）没有应用所学知识，或者用了但没成功。

说明导致其成功或失败的原因

采访的目的有：

- 证实（如果可能的话，尽量量化）成功学员所取得的成果。
- 找出失败学员遇到的困难和障碍。

对计划分享给管理者的成功案例，要逐一再确认。在和失败学员交谈时，询问他们为什么没有应用所学知识或技能，或者为什么没有像其他学员那样将知识成功应用于实践。

向管理者汇报你的发现和建议

重新审视调查和采访结果，并将发现按照如下几点进行总结。

- 将培训所学应用于实践给学员带来了哪些益处？
  - 分享两个或三个实际案例。
- 成功学员所占比例是多少？
- 培训和转化氛围中的哪些因素可以促进学员的成功？
- 哪些因素阻碍了学员？
- 针对失败学员，有哪些建议以帮助其提高？

 实际运用

利用成功案例法快速确定培训对实际工作是否有效并寻找机会改进。

成功案例法适用于任何类型的培训项目，尤其是管理或领导力等软技能的培训。

学习资源

关于成功案例法的完整讨论，请参见 Brinkerhoff's books: *The Success Case Method* (2002) and *Telling Training's Story*: *Evaluation Made Simple, Credible, and Effective* (2006).

有关评估培训计划更全面的讨论，请参见 Vance, D., Parskey, P. *Measurement Demystified*: *Creating Your L&D Measurement, Analytics, and Reporting Strategy*. Alexandria, VA: ATD Press; 2021.

↘ 企业领导者的观点

当你准备将总结性评估结果告知领导者时，请记住，企业领导者也许从来没听说过柯克帕特里克的四级评估模型（说白了，他们对此毫不关心）。当你和企业领导者交流时，不要使用学术名词，你要从业务的角度进行分析，并强调他们所关心的内容。

对于所有的业务规划，企业领导者只需要知道两点：

- 它带来了什么？
- 现在该怎么做？

　　换句话说，企业领导者只需知道这项业务创造了哪些价值（它带来了什么），下一步该采取哪些行动（现在该怎么做）就够了。

　　所以你必须向企业领导者证明培训确实对工作产生了积极影响，并能够为下一步计划提出建议：类似培训该企业今后应该增加还是减少？是否应该引入不同的培训？（见图 2-16）

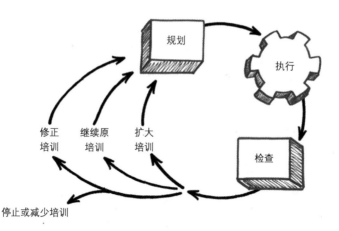

图 2-16　培训结束后，可能产生四种结果：
扩大培训、继续原培训、修正培训、停止或减少培训

实际运用

作为专业培训师，你必须对"它带来了什么"和"现在该怎么做"这两个问题应对自如，并捍卫你的建议。

↘ 评估培训项目的指导原则

波洛克、杰斐逊和威克认为，无论使用哪种评估方式，都要符合评估的四个标准（见图 2-17）。有效评估是：

- 相关的；
- 可靠的；
- 令人信服的；
- 高效的。

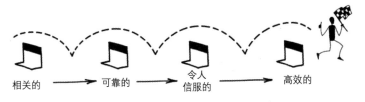

图 2-17 有效评估的四个标准

相关的

有效评估中的相关的，指的是培训评估是否和培训既定目标直接相关。仅仅依靠培训反应数据（1级评估），并不能得出有效评估，因为它和培训是否成功不存在直接关系。对工作行为和工作结果的测评则与培训结果直接相关，因此是有效评估。

可靠的

第二是可靠的——数据和结论的可信度。"可靠的"非常重要。试想，如果企业领导者不相信你的数据，怎么会相信你的结论，又怎么会听从你的建议呢？领导者可能像对待竞争对手那样审视你的言论：

- 你所提供的例证是否能够支持结论？
- 数据是否充足？
- 你所使用的方法是否有失偏颇？
- 你的分析是否足够缜密、公正？

评估需要让领导者信服，所以你需要收集更多信息，因为领导者明白自我报告和自我评估是没有可信度的。

令人信服的

评估的目的在于促进下一步行动。你的评估结论和

汇报的方式必须令人信服，只有这样，领导者才会对以
下问题遵从你的建议。

- 我们应该多多开展此类培训吗？
- 我们应该改变方法吗？
- 我们的强项是什么？
- 我们应该怎样处理自身的弱项？

你需要根据自己的发现为领导者提供几条具体的建
议。在提议时，论据要充足，具有说服力，这样才会让
领导者采纳你的提议。

高效的

最后，你的评估应该是高效的。它不应该牵扯过多
的时间和金钱。

注意，只有在数据相关、可靠和令人信服的情况下，
高效的评估才有意义。我们所指的高效，并不是快速、
低廉地收取一堆没有实际意义的数据。

 **实际运用**

在你准备评估或审查培训项目合作商提供的评估结
果时，请遵循如下四个指导原则。

请问问自己：

- 评估是否和培训目标直接相关？

- 精明的领导者是否会认同数据？

- 你能够说服领导者采纳你的建议吗？

- 在不影响质量的前提下，评估是否可以尽可能高效地完成？

ADDIE 之外

虽然 ADDIE 是目前最为著名并且使用最为广泛的教学设计模型，但它并不是唯一的。近年来，涌现了许多教学模型以弥补 ADDIE 模型的缺陷。ADDIE 的流程是瀑布型或流线型的，每个步骤都是一次性完成的（见图 2-18）。对这一问题的争议主要集中在，许多学者认为教学设计是复杂的、动态的活动，流线型模型并不能涵盖教学设计的方方面面。例如，虽然在设计阶段进行了调整，但常常到开发阶段才能真正发现问题。

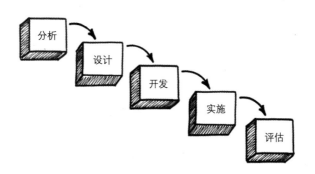

图 2-18 ADDIE 流程是瀑布型的，每个步骤都是一次性完成的

↘ 敏捷开发和循序渐进法

目前的观点认为，教学设计应该和软件开发所广泛使用的敏捷开发过程类似，是动态的、迭代的过程。

敏捷软件开发需要多次迭代。在每次迭代中，设计蓝本会得到迅速发展，倾听终端用户的使用感受和反馈，并据此改进蓝本（见图 2-19）。在软件开发商和用户不断的协调、交流中，用户需求得到了满足，设计蓝本得到了改进，软件开发取得了良好成果。

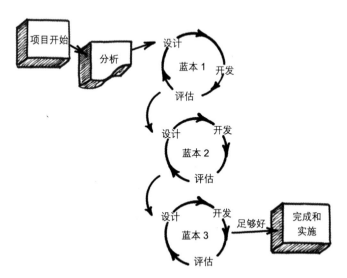

图 2-19　敏捷开发及循序渐进法需要几轮对原型的创建和测试

　　敏捷开发经过改良，已成为适用于学习与发展项目的教学模型，我们称之为循序渐进法（SAM）。这一方法的前提是，初始教学设计中的练习、在线学习、模拟等，都是根据学习原理进行的有根据的推测。只有在不断探索和实践中，才能真正发现学员最需要的特定技能。

　　将这一概念和培训与发展相结合，需要我们快速（有意留下一些缺憾）开发出新的蓝本，以接受目标学员的检验、评论和测试。根据学员的反馈，对下一循环的蓝本进行修改、提高，如此循环往复，直到计划被认为"足够好"之后，再将其投入使用。

在教学设计过程中使用迭代法，能够在早期对用户所反映的问题进行回应，继而更有效地解决问题。另外，使用迭代法时，对蓝本的改动速度较快，投入成本也较为低廉，所以，在目标相同的情况下，迭代式与直线式的教学设计方法所花费的时间基本相当。

利用直线型 ADDIE 模型所设计的教学计划，直至投入使用后才能发现其中的问题，那时，开发阶段已经基本结束。在实施阶段才对问题进行修正，不仅花费高昂，而且损耗时间。

 实际运用

使用迭代法对教学进行设计的过程中，要不断寻求用户意见并随之调整计划。

学习资源

Allen, M., Sites, R. *Leaving ADDIE for SAM*: *An Agile Model for Developing the Best Learning Experiences*. Alexandria, VA; ATD Press; 2012.

6Ds®法则

ADDIE、SAM 和其他教学设计模型，都是设计高质、高效的课程所使用的出色工具。但从业务角度来看，这些模型并不完善。业务培训目标是提高绩效，而不是单纯地教育员工。业务绩效的提高要依靠学习行为和学习转化。

我们需要对 ADDIE 等教学设计模型进行补充，强调分析阶段和学习转化与业务的关联性，以更适应商业化的需求。

突破性学习的 6 个法则（也称 6Ds®，因为每个步骤的英文首字母都为 "D"）是对传统教学设计的扩展和补充（见图 2-20）。

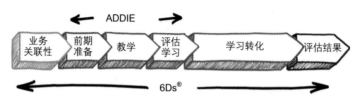

图 2-20　6Ds®和教学设计的关系

6Ds®包括绩效咨询、教学设计、思维导图、学习研究、过程化提升和商业策略等要素，以保证企业能够通过培训提高业绩。6Ds®模型还包括区别高效培训与无效培训的 6 个法则（见图 2-21）。

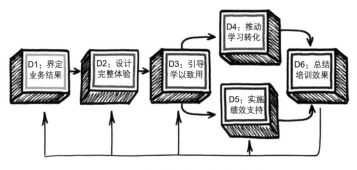

图 2-21　突破性学习的 6 个法则

D1：界定业务结果

从业务管理者的角度来看，成功的学习计划可以帮助企业达成自己的商业目标。因此，组织高效学习的第一步是和企业领导者沟通，明确企业想要通过培训达到的业务结果。这是接下来设计完整体验和引导学以致用两个环节的基石。

业务目标与学习目标并不相同。学习目标关注学习的内容，而业务目标关注学习的"原因"——期待实际工作能力得到提升。

我们首先应该明确界定业务目标。这需要对培训进行分析，并利用现有学习目标，促进业务目标的达成。对业务结果的关注，会让培训师将目标企业当作自己的战略合作伙伴，而不是让自己置身事外，仅仅做一个培训的组织者。

↘ D2：设计完整体验

第二法则是设计完整体验，重点强调"完整"。员工可以从工作中学习，也可以从正式培训项目中学习。完整的培训设计包括将学习转化为业务结果所经历的四个阶段：准备、学习、转化、评估（见图 2-22 ）。

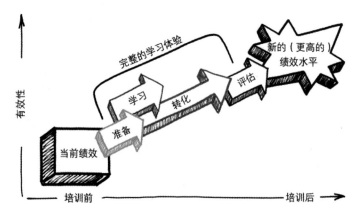

图 2-22　完整的培训设计包括教学前和教学后所有的学习行为

其中最为重要的是，要设计一些可供学员培训结束后使用的练习，以促进学习转化，督促学员将知识运用到实际工作中。如果对学习转化环节没有任何计划或不付出任何努力，那么即便培训完成了所有学习目标，最终也无法创造业务价值。

D3：引导学以致用

第三法则是结构化学习内容，引导学员将知识运用到工作中。那就要求我们遵循成人教育准则并根据培训需求调研结果，选择合适的教学方法。

引导学以致用的有效经验如下：

- 要主动学习而不是被动学习。
- 限定教学内容以避免认知负荷。
- 创造练习和反馈的机会。
- 遵循成人教育准则。
- 为学员提供思维结构，并让学员建立自己的知识关系图。
- 善用分散学习法。

↘ D4：推动学习转化

第四法则是落实有关的系统和过程，以确保学员将培训所学知识转化到工作场所并进行足够长的实践，使其成为新的工作规范。

无效培训的企业将所有的时间、创造力和精力都放在了创造学习活动上。但优秀的学习活动远远达不到企业所期望的目标：只有将知识应用到工作中，学习才能真正带来改变（见图 2-23）。肯·布兰佳说："要想改变员工行为并得到你所期望的结果，你需要完善的结构计划、必要的相关支持和明确的责任归属。"

图 2-23　只有培训内容转化为实际行动时培训才能创造价值

真正高效的培训组织十分明白，必须把学习当作包含学习和学习转化两个要素的过程。他们也明白，管理者的态度有可能促成或阻碍培训项目的成功，因此努力取得管理者的帮助和支持也是完整学习设计的一部分。

投入时间和精力确保培训后的知识应用，是提高培训投资回报的最好方式。

↘ D5：实施绩效支持

第五法则是在培训后给予必要的绩效支持。支持让员工有动力去尝试新方法，并了解自己的方法是否正确。绩效支持包括工作辅助、教练、手机应用、数据库、清单、专家帮助、教学视频等工具和指导，帮助员工适时、适宜、正确地开展工作。

这一法则要求培训师从全局出发，寻找最适合员工的绩效支持方法，并将绩效支持作为教学设计的一部分。绩效支持在员工培训结束后，首次利用新技能和技术时，所产生的价值尤为突出。

高效培训组织在进行培训练习时，就会使用工作辅助以及其他绩效支持方式，以强调其重要性，并增加工作后绩效支持的利用率。

↘ D6：总结培训效果

最后，优秀的学习组织在总结培训效果时，既会证明此次培训的价值，又会提出对后续培训的改进建议。

管理者对培训效果（员工行为和经营结果）最感兴趣，但总结并不是对简单事实（如课程数量、教学课时、学员反馈或学习内容）的说明。换言之，总结评估必须与培训既定的业务结果直接相关（见图 2-24）。

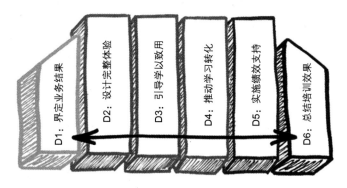

图 2-24　总结评估需要与培训课程既定的业务结果直接相关

 实际运用

这 6 个法则被证明是教学设计模型的重要组成部分，广泛应用于世界多个行业的企业培训中。

利用附录 A 的 6Ds® 应用评分表，评估培训是否践行这 6 个法则，并找出薄弱环节，今后逐步加强。

学习资源

Pollock R, Jefferson A, Wick C. *The Six Disciplines of Breakthrough Learning*: *How to Turn Training and Development Into Business Results*. Beijing: PHEI; 2016.

Pollock R, Jefferson A, Wick C. *The Field Guide to the 6Ds*. Beijing: PHEI; 2014.

结　语

大好机遇

现今企业对客户、市场份额、经营利润的竞争剑拔弩张，革新变化的速度日益加快。企业和个人必须持续学习，以在激烈的竞争中保持竞争力。因此，企业对高效培训的诉求，从未像今天这样旺盛。

这就是你受欢迎的原因：培训是持续学习的重要组成部分，是保持竞争优势的源泉……培训不断证明着自身的重要性。

作为培训师，你会对成百上千的员工行为产生影响，而通过员工的行为方式，则间接影响了成千上万的消费者对于该企业的认知。这既是机遇，也是沉甸甸的责任。

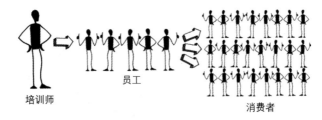

我们希望，通过这本小小的书籍让你领会到成功的培训不仅需要出色的演讲技能、组织活动的能力或高质量的课程内容，高效培训（那些真正可以改变员工行为方式并提高绩效水平的培训）是认真、严谨地对培训进行规划、执行、评估并不断改进所产生的结果。

我们衷心希望你能够成功地完成如此重要的工作。

附录 A

工具和清单

AGES 列表

请对照 AGES 列表，检查你的培训设计是否包含了让人印象深刻的要素。

要素	关键概念及其应用
注意力	❏ 培训一开始就要抓住学员的注意力，并引起学员学习的兴趣； ❏ 运用多种教学方法，维持学员兴趣，并适应学员的多种学习偏好； ❏ 根据实际情况随时调整课程进度，在面对面的培训中，每隔 8~10 分钟组织一次互动活动，以维持学员兴趣并吸引其注意力，网络课程和在线自学所需互动活动的频次更高
产生联系	❏ 经常要求学员根据所学知识，举出与自身相关的例子，并向他人分析或说明所学概念； ❏ 给予学员充足的时间，并鼓励他们说出学习感受，分享今后会如何将知识运用在实际工作中； ❏ 鼓励学员设立实际运用标准及绩效提升目标
情绪	❏ 教学设计应包含对学员适当的"关注度"——对学员的关注既要能够促进他们的努力，又不至于干扰他们的学习； ❏ 让学员知道自己有义务将知识运用于工作中，并明白有可能对新知识或新技能进行演示

续表

要素	关键概念及应用
情绪	❏ 对学员的测评，无论打分与否，都要将其纳入培训中； ❏ 适度幽默、对学员的认可和上课时积极的情绪，都能够调动课堂氛围，促进学习效果
分散学习	❏ 将重要的课程内容拆分成短小的学习板块； ❏ 对相同的内容或主题进行再复习时，可增加更为具体的知识细节； ❏ 为学员穿插教授不同的知识点，而不是将某一知识点与其他知识点隔离开来； ❏ 正式培训结束后，不时地提醒学员温习所学知识

成人教育准则

准　则	关键概念及其应用
成人想知道为什么	❏ 每个课堂练习都是建立在业务目标和工作需求之上的（不仅仅建立在学习目标之上）； ❏ 举例要与实际工作内容相关，符合实际需求
成人是现实的	❏ 教学需要强调知识的运用及其效果； ❏ 理论的量要少，仅限于对实际应用有所帮助； ❏ 列举现实生活中的真实案例； ❏ 提供实际运用的指导建议

续表

准　　则	关键概念及其应用
成人重视自主权和选择权	❑ 让学员自主选择完成任务的方式并自行挑选例证； ❑ 设计在线学习内容，让学员不受固定程式或进程的限制，自主安排自己的学习
成人能够给课堂带来丰富的经验及专业知识	❑ 设计鼓励并尊重学员提供的范例； ❑ 邀请学员分享自己的工作经验和窍门； ❑ 安排学员相互讨论和指导的时间
成人希望积极地参与到学习过程中	❑ 教学设计要求学员经常并主动参与到学习活动中； ❑ 尽量减少学员被动听讲或观看演示的时间

评估学习目标的 ABCD 法则

使用 ABCD 法则对你或供应商所设计的学习目标进行评估。

	未达标准	不能指出绩效表现的主体
受众*	及格标准	能够大致界定培训受众（"销售代表"）
	出色标准	能够具体、准确地对受众进行界定（"公司新入职的富有经验的销售员"）

续表

	未达标准	在描述学习目标时，使用如"知道""领会"等语义模糊的词语，或者学习目标中所既定的知识技能，并不是学员工作的关键
行为	及格标准	使用列表、说明、分析或演示等行动性词语描述教学目标
	出色标准	明确阐明员工在培训结束后，表现出的可观察的行为，并说明与工作的关系
条件*	未达标准	未能明确说明绩效条件
	及格标准	大致说明绩效环境
	出色标准	说明在实际工作中影响绩效的关键因素
标准*	未达标准	未能定义培训后能够达到的行为标准
	及格标准	大致说明培训成功的标准（能够"清楚描述"）
	出色标准	利用实际工作中使用的准则和标准明确说明成功达成教学目标的具体标准（百分数、时间、质量等）

*有时一组学习目标有共同的受众、条件和标准，所以不需要重复。

加涅的九大教学事件列表

使用此列表对照你的教学设计，确认是否包括了罗伯特·加涅教学的九大事件，以加强学习效果，巩固记忆。

1．引起注意	❑ 在每段课程开始时，使用小技巧吸引学员注意力。例如，提出有趣的问题、讲述令人惊讶的现实故事，播放与课程相关的视频，组织一次小测验，等等
2．告知目标	❑ 向学员说明这些知识会给他们带来怎样的好处（而不是仅仅告知其学习目标），以解开成人对为什么要学习的疑问
3．刺激回忆	❑ 教学设计要帮助学员将新知识与已知知识、经验相结合； ❑ 自始至终使用与业务和任务相关的例子和情境
4．呈现新内容	❑ 使用要求学员主动参与和加工新信息的教学方法呈现新信息； ❑ 将新知识"拆分"到各个教学单元，避免出现认知负荷
5．提供指导	❑ 新知识的学习要具有条理性（如由易到难，或总分总），这样可以帮助学员构建对知识的逻辑构架； ❑ 为学员提供"先行组织者"，包括举例论证、记忆技巧、推导类比和心智模型等，以帮助学员加深理解，构建知识体系
6．练习	❑ 给予学员充分机会，在多种情境下实践所学知识和技能； ❑ 情境需要真实，即尽量与实际工作相似
7．提供反馈	❑ 学员可迅速收到针对其表现的有意义的反馈； ❑ 利用评估量规，确保评估的一致性

续表

8. 评估	❑ 设计包括评定，以确保学员达到学习目标； ❑ 评定不是评测学员是否对知识内容倒背如流，而是检测学员是否达到了学习目标，所学知识是否适应现实需要
9. 加强记忆和迁移	❑ 为学员提供工作辅助、工具、工作模板或绩效清单以帮助学员将所学知识转化为工作现实； ❑ 为管理者提供具体的推进计划和活动建议，以促进管理者对员工的帮助，加强员工的知识记忆并推动学习转化

教学方法

↘ 行动学习法

它是什么

让团队解决一个实际问题（如重新设计或规划、开发一项战略计划）。每个团队都配有一名教练或导师，在活动过程中指导学员学习。

优点

行动学习法产生于实际工作中，所以学习内容与实际工作直接相关，并能够马上运用于实践。

缺点/注意事项

行动学习法的缺点在于，我们可能将注意力放在行动上，而忽视了学习。导师必须确保安排充足的时间和学习资源以吸取教训。

↘ 临时讨论组

它是什么

把学员分成讨论小组，让每组成员围绕教师提出的问题进行几分钟的讨论。临时讨论组是组织学员活动并快速获取小组观点的有效方式。

优点

临时讨论组是一种让学员进行主动学习的教学方法。它遵循了成人教育中尊重成人经验和观点的法则。临时讨论组要求学员自己说出答案和看法。小型的讨论组保证了每个人都能够参与其中。

缺点/注意事项

临时讨论组需要提出有意义的问题，并且需要教师调动课堂氛围，促进学员参与。重要的是，让每组的发言短小精悍，如果每组发言时间过长会让课堂索然无味，也会带来内容上的重复。

分组学习

它是什么

为每个小组分配一项任务，让小组成员协作完成。将每组成员分隔开，并要求小组成员到另外一间屋子或不会受到干扰的地方进行讨论。过一段时间后，将所有小组召集起来，分别对结果进行汇报。

优点

小组行动确保了每位成员都能参与其中。有意义的任务指的是，能够让每位小组成员都对习得知识进行回顾并由此得出自己对问题的看法或见解。虚拟课堂也可以使用这种方法促进互动。

缺点/注意事项

分组学习取得成功的关键在于，给小组分配的任务是有意义且具有挑战性的，并确保有足够的活动时间。另外，学员能否对主题、问题及关键知识点进行深入思考和出色汇报也是能否取得成功的关键。不要让小组汇报变得重复且无聊。如果有若干个小组，请让后续汇报的小组只汇报与前组的不同点即可。

案例研究

它是什么

为学员提供真实的案例，并让学员试着对案例进行分析并得出结论，并总结经验。

优点

案例研究是主动学习的过程，要求学员将知识和技能运用于和实际工作尽可能相同的情境中。案例需要与学员的实际工作情境类似，以便帮助学员将所学运用于实践。

缺点/注意事项

案例研究需要充足的时间。这种教学方法是否成功，取决于实际案例是否与学员工作存在直接联系。另外，是否能够有效组织学员也是面临的一大挑战。教师需要对此项活动进行充分总结。

↘ 演示

它是什么

实际演示或播放视频，说明如何完成一项任务。这种方法适用于解决物理、机械、心理或人际关系等各个方面的问题。

优点

让学员观看优秀的工作行为和正确的工作流程，以审视其自身的表现。课程结束后，学员还可以再次观看视频，或者将视频当作工作辅助。

缺点/注意事项

演示和传统课堂模式一样，属于被动学习。需要与各种练习、反馈相结合，以确保学员真正掌握了知识。

↘ 经验式学习

它是什么

经验式学习让学员从个人经验，而不是从教师的"口述"中学习。当学员身临其境地将感受和知识相结合时，会达到最佳效果。例如，拜访受伤工人，体验粗鲁、恶劣的服务，试听逻辑不清的课程，等等。

优点

经验式学习在课程正式开始之前会非常有效，先向学员告知对于课程"需要了解"的内容。它让教师引导学员"记住此刻的感受"。这种方法比单独进行理论论证更容易带来学员行为上的改变。

缺点/注意事项

经验式学习必须进行精心策划和组织，创造真正能够对学员内心产生震撼的经验学习经历，并确保此次学习能够达到预期的效果。用高质量的汇报来总结"课程所学"。

↘ 翻转课堂

它是什么

翻转课堂是一种将课堂学习和家庭作业相"翻转"（逆转）的方式。这就是说，学员在课堂外学习课程内容（如观看教学视频），而在课堂上以小组为单位，对内容中有问题的地方进行讨论并解决。

优点

学员可以通过课堂上的解决问题环节，向教师寻求帮助，也可以指导、辅助他人解决问题，从而加深对知识的学习和理解。

缺点/注意事项

翻转课堂取得成功的关键在于，它要求学员在课堂外自学所有知识内容，对于在职成人学员来说，则较为困难。因此教师需要提供优质的教学视频，并要求学员熟读课本内容。

↘ 游戏化

它是什么

将游戏要素，如计分系统、规则和"获胜"方式等加入课程和练习中，包括模拟练习、在线学习、角色扮演和测验等。

优点

游戏要素有助于激发学习动机，吸引学员注意力。几乎所有人都喜欢赢，即便在单人游戏中。经过精心安排的竞赛和评分系统，会更好地增强学习内容的组织性，从而对学习产生促进效果。

缺点/注意事项

注意，不要让学员太过沉溺于游戏或迫切"获胜"的愿望中，而忘记了学习。尤其注意职业竞争性较强的学员，如销售人员。确保获胜并不是简单地考验记忆力。另外，需要花费充足的时间设计有效游戏。

↘ 课堂讲授（传统型）

它是什么

教师或主题专家将信息以幻灯片或其他直观教具展现出来。也可能只是口头讲课，不使用其他辅助工具。沟通是单向的，教师和学员间的互动很少。

优点

课堂讲授（传统型）是最快捷、最经济的教学方法。如果使用得当，可以促进学习并增长知识。

缺点/注意事项

课堂讲授（传统型）是被过度使用的教学方法，同时也是被动学习的一种。学员会很快失去兴趣。许多主题专家并不是出色的培训师，他们所制作的幻灯片文字冗长且毫无趣味，很可能一次性灌输给学员太多信息（造成认知负荷）。

课堂讲授（互动型）

它是什么

教师和主题专家在学习资料中加入问题、小组讨论（临时讨论组）或其他技巧以维持学员的注意力。

优点

课堂讲授（互动型）比传统课程更加主动，更容易维持学员注意力。课程进度平稳，可规避认知负荷。

缺点/注意事项

课堂讲授（互动型）需要有一位富有经验的培训师，在互动过程中既能强调问题，且能很好地接受学员的演讲汇报，但又不至于分散学员对学习材料本身的注意。

↘ 在职培训

它是什么

在工作中而不是课堂或在线学习中所产生的学习行为。它包括示范演示、工作跟学、观察和反馈等多种技巧。

优点

由于是在实际工作中学习，所以知识可以立即得到应用，也更容易被转化。它省去学习地点与工作场所之间的路程往来，节约时间。微学习和分散学习同样适用于在职培训。

缺点/注意事项

在职培训要像教师培训那样经过精心设计和计划，培训设计中需要明确学习目标、活动和评估准则。另外，必须取得管理者的认同和支持。提供一份清单，列出学员在学习过程中应该掌握的技能以及恰当的绩效标准，否则，学员会偏离学习主题。

↘ 在职强化（促进）

它是什么

培训结束后，为学员准备多种复习及巩固知识的活动——如提供备忘录、与管理者沟通、开展小测验、传授工作技巧或再次将学员召集起来等。

优点

毫无疑问，在职强化（促进）是提升培训价值的最好方法。如果没有持续的支持，尤其是管理者的帮助，将会失去培训的潜在价值。在职强化将有利于学习成果转化并提高对培训项目的投资回报。

缺点/注意事项

在职强化需要在培训范围之外，对某一特定区域投入时间、资源和技术。

尤其需要给管理者具体的指导建议，以取得在职强化的最大价值。

↘ 同伴评估与指导

它是什么

要求学员观察他人的工作（或相互检查工作），指出对方的优点，并找出缺点，提出改进建议。

优点

评估他人的工作，有助于学员提高辨别能力，让其更好地对自己的工作表现进行自我批评和自我指导。提供评估量规或测评清单，以便保证测评的质量和一致性。

缺点/注意事项

需要指导同伴间的指导要看什么，如何指导，以确保他们的同伴获得合适的并富有建设性意义的反馈。教师需要对同伴审查活动进行监督和指导。

↘ 解决问题

它是什么

交给每个人——最好是一对学员或小组——一项他们会在工作中遇到的典型问题去解决。要解决的问题从理论性的到实践操作的都可以，比如对一个实际的机器进行实际的故障排除。

优点

解决问题要求学员将所学应用于相关问题的解决中。小组活动能够让同事之间相互指导，分享经验。教师需要对活动进行指导并给予反馈。

缺点/注意事项

问题需要切合实际并与工作相关。它不能太过简单也不能太过困难，以确保学员在规定时间内将其解决，同时，还要为学员准备解决问题所需的相关材料及资源。

↘ 模拟

它是什么

学员必须在虚拟场景中决定自己的一系列行动。在告知学员结果后，学员必须自行决定自己接下来的行动等。教学可以使用课本或电脑。

优点

学员可以利用所学知识决定自己的行动，因此它是一种强有力的实践方式。他们可以直接看到自己的行动所带来的结果。将游戏元素与模拟相结合，会取得突出的学习效果。

缺点/注意事项

模拟，即便非常简单的模拟，也十分耗费时间和金钱。模拟需要贴合实际以起到增强学习要点的作用，需要提供一份总结活动要点的高质量汇报。

↘ 技能训练（实际操作）

它是什么

让学员练习某种工作所需技能的机会，以便更好地为学习转化做准备。练习场景需尽量符合实际并利用实际工具和相关资源。

优点

让学员在一定时间内将所学应用于与工作相似的实际场景中，不仅能够增强学习效果，同时能够促进学习转化。

缺点/注意事项

场景需具代表实际工作的作用。管理者、学员之间和教师必须给予建设性的反馈。鼓励学员在练习期间使用恰当的工作辅助和工作清单。

↘ 技能训练（角色扮演）

它是什么

让学员在实际场景中练习个人技能——如销售、咨询、训练等，以让其更好地将这些技能转化到实际工作中。练习次数多多益善。

优点

让学员在一定时间内将所学应用于与工作相似的实际场景中，不仅能够增强学习效果，同时能够促进学习转化。

缺点/注意事项

场景设置需足够贴合实际，同时，在练习时要明确分工，让学员认真对待。管理者、学员之间和教师必须给予建设性的反馈。

↘ 小组讨论

它是什么

小组分享各自的经验、观点，是对某一话题或教师提出的某一问题进行讨论、解决的最好方式。

优点

小组讨论尊重成人学员的经验和专业知识，是主动（而不是被动）的学习方式，汇聚了小组成员的智慧。

缺点/注意事项

小组讨论成功的关键在于，课程内容是否清晰，所要讨论的话题是否有意义。控制好每组的"发言时间"，让小组中每位成员发声，而不是让一两位成员说个不停。

↘ 互相教学（同伴指导）

它是什么

通常，学员被分为两人一组，要求每组学员阅读课程内容（或内容的一部分），一方"教给"（解释或说明）另一方所学内容，随后两人互换角色。

优点

互相教学（同伴指导）要求每位学员积极寻找知识间的联系、例证并对所学知识进行阐述，因此是一种极具效果的学习方法。学习的最好方法通常是将所学知识再转授给他人。

缺点/注意事项

要求有足够的时间准备材料，安排演讲并提出反馈。学员必须认识到这一练习的价值并认真对待这一练习。

测验

它是什么

要求学员通过回答问题或完成任务的方式证明自己学到了技能或知识。可通过电脑阅卷、自评分或教师判卷、同事交叉判卷的方式为测验结果打分。

优点

虽然测验只是一种评估手段，但它是一种强有力的学习方式。因为它能够清晰地表现出学员对知识的理解水平和掌握水平。自评分类的"实践测试"则可以帮助学员关注到对知识的理解短板、误解和表现欠佳的方面。

缺点/注意事项

鉴于在上学时期的经历，学员一般会厌恶考试，因为考试会让他们感觉到是在被人评判。所以测验不应该考查死记硬背的内容，而应该考查学员在实际中的应用能力。设计一份能够考查学员分析、应用能力的试卷是非常不易的。

↘ 工作实例

它是什么

工作实例指的是对如何解决特定问题或如何运用某个特定技能的说明。它对工作流程中的每一步都做了解释和说明。

优点

工作实例可帮助你高效学习各种解决问题的技能。例如，解开代数题到排除机器故障。将实例与实践相结合，比单纯的题海战术更有成效。

缺点/注意事项

优秀的工作实例需要时间和精力的打磨。它必须具有代表性，并且需要说明关键的步骤和原则。只有这样，学员才能举一反三，运用至其他类似情境中。

↘ 教师主导的面对面培训

它是什么

教师和学员在同一时间聚集在同一地点。

优点

教师和学员共处一室有利于彼此之间的互动。这种方法适用于所有的教学。例如，学习软技能或销售技巧等需要定量反馈的技能时，这种方法称得上最佳选择。让学员沉浸在教学环境中，有助于提高注意力，减少分心的可能。

缺点/注意事项

面对面培训是投入成本最高的教学方法。因为培训需要专门的培训设施，以及差旅费、住宿费、茶点费和其他费用。只有在培训效果能超过成本投入时，才应使用面对面培训。简单地传递内容是非常低效的。

↘ 教师主导的远程培训

它是什么

身处各地的教师和学员通过网络会议展开培训。

优点

教师主导的远程培训具备诸多面对面培训的课程优点。教师不仅可以即时回答学员的问题，还可以使用案例研究、解决问题等多种积极的学习方法。

缺点/注意事项

远程培训中的主要缺点是学员的注意力容易分散，尤其是在家办公时。他们也会尝试多任务处理，例如，在参加在线课程时回复电子邮件或发短信。这会让学员分心，致使学习效果大打折扣。一般来说，在学习人际交往相关技能时，远程培训是非常糟糕的选择。因为无法充分关注学员表现，且无法给予学员有意义的反馈。同样，远程培训也不适用于手工技能的学习，尤其那些需要操作工具或设备的技能。

↘ 异步在线学习

它是什么

预先编好在线学习程序并录制教学资料。学员可以根据自己的学习进度和时间自主完成课程。这种方法可以是完全被动的学习，如在线观看一系列视频课程或阅读标准操作流程，也可以是完全主动的学习，如实时模拟。

优点

异步在线学习是最为经济高效的培训方式，尤其是面对庞大的待培训员工群体时。虽然编程启动之初花费较高，且较为费时，但后续投入基本为零。

经过精心设计的在线学习程序，具备交互性和灵活性的特质。它允许学员主动调整对于不同主题的学习时间和学习顺序。优秀的程序会定期对学员的知识掌握情况进行测试，并将结果反馈给学员，提供进一步的改进建议。而最优秀的在线学习程序是"个性化"的，也就是说，它会追踪学员的知识掌握情况，并相应地自动调整其学习进度和知识深度。

这种方法特别适用于模拟类技能的学习。从简单的文本到复杂的商业飞行模拟器，它能够模拟不同的情况，让学员对花费高昂或危险的技能进行重复练习。

缺点/注意事项

异步在线学习适用于可在电脑上进行仿真练习的技能，但因为缺乏定性反馈，所以并不适用于教授人际交往方面的相关技能。

如果使用得当，异步在线学习会井井有条，效率奇高。遗憾的是，多数程序都做得不好。为了节省开发时间和成本，大多数在线学习程序只不过是让学员在屏幕上阅读文本，回答一些简单的琐碎问题。这样的培训既无聊又低效。

糟糕的培训程序来自教学设计，而不是媒介本身，但大多数员工都不喜欢使用在线学习程序，对它毫不看重。请确保你的在线学习程序充满吸引力，并利用好技术的独特优势。

6Ds®应用评分表

使用以下评分标准评估教学设计方案并找出有哪些方面亟待提高。请对照下列表格，选择最符合描述的评分选项，得分较低的项目就是有待提高的方面。

0=完全不符合；1=不太符合；2=部分符合；3=相当符合；4=非常符合

		0	1	2	3	4
界定业务结果	1．充分理解业务需求。明确界定、评估培训会给工作带来的结果	□	□	□	□	□
	2．与学员和管理者沟通教学目标及其所能带来的业务影响	□	□	□	□	□
设计完整体验	3．将教学准备阶段作为教学设计的一部分，与管理者开会讨论，前期工作在教学和练习期间得到充分使用	□	□	□	□	□
	4．只有证明了培训所学被成功转化并应用于实际中，培训才真正结束	□	□	□	□	□
引导学以致用	5．认知负荷掌握在可控范围内，为学员准备充足的时间练习并给予反馈，以熟练基本知识技能	□	□	□	□	□

		0	1	2	3	4
引导学以致用	6．为每项话题和练习设立清晰的"标准"，以规范学员行为，明确业务结果。学员能够认识到培训项目的用途以及和工作之间的相关性，并能学以致用	☐	☐	☐	☐	☐
推动学习转化	7．培训结束后，定期提醒学员复习所学知识，并提供反馈，同时鼓励学员加深记忆，将知识运用于实践	☐	☐	☐	☐	☐
	8．学员管理者积极地参与培训后的员工活动。他们积极地监督并帮助学员将所学知识运用于实践	☐	☐	☐	☐	☐
实施绩效支持	9．将培训后的绩效支持作为教学设计的一部分，为学员提供学习转化所需的工作辅助工具、专家帮助、指导等	☐	☐	☐	☐	☐
	10．培训结束后，学员能够相互学习、持续学习，促进开展同伴指导及交流优秀经验等活动	☐	☐	☐	☐	☐
总结培训效果	11．征得培训倡议者对在职培训活动的同意，及其针对基于业务所得到的培训评估的认同	☐	☐	☐	☐	☐
	12．提供信息证明项目准备及培训内容是在持续改进、提高的，并在此基础上不断要求学员进行学习转化，对实际进行分析最终付诸实践	☐	☐	☐	☐	☐

学习转化氛围评估标准

根据下列学习转化氛围评估标准，为培训后的学习转化环境打分，评分标准从十分不令人满意/不健康（–3）到非常令人满意/非常健康（+3）。请持续观察你所不确定的因素，并注意得分较低的项目。

因　素	描　述	得　分 (–3～+3)
感知效用	当恢复工作后，学员相信自己能够将所学新知识和新技能运用于实际工作中，并认为这样做可以提高自己的工作效率	
转化机会	培训后，学员马上能够有机会将新技术和新知识运用于实践。学习转化所需的资源也一应具备（时间、任务、帮助、材料和人员等）	
期待/回报	学员认为公司期待自己将所学技能和知识运用于实践，并在运用好知识和技能后得到与之相应的积极的褒奖，反之，则会得到消极的批评。企业关注员工的工作流程，设立赏罚分明的奖惩制度，有效提高绩效	

因 素	描 述	得 分 （-3～+3）
反馈/指导	学员在尝试使用所学时，能够得到有益的信息、帮助，并获得管理者、同事及他人的指导	
管理者的帮助	管理者积极地支持新技术和知识的应用。他们在培训前后讨论期望的绩效目标，创造应用新技术的机会，设立相关的目标结果，帮助员工攻克难关	
工作小组的影响	参与者的同事鼓励他们应用新技能和知识。当面临学习新知识所遇到的困难时，小组协作常常会展现出极大的耐心。他们不受现有实践的限制，更易于接受新方法	
个人经验	在使用新知识后，学员常常会得到积极的结果，如生产力提高，工作满意度增加，他人的尊重、认同感以及进步和褒奖。另外，在使用新技术和知识后，没有产生任何不良结果	